东汉砖文语法研究

周建姣　著

商务印书馆
创于1897　The Commercial Press

2014年·北京

图书在版编目(CIP)数据

东汉砖文语法研究 / 周建姣著 .—北京：商务印书馆，2014.8

ISBN 978 - 7 - 100 - 10701 - 3

I. ①东… II. ①周… III. ①古砖—汉字—古代语法—研究—中国—东汉时代 IV. ① H141 ② K877.93

中国版本图书馆 CIP 数据核字（2014）第 207094 号

2010 年教育部人文社会科学研究西部和边疆地区项目（10XJC740007）

2010 年陕西省教育厅科学研究项目人文社科专项（2010JK282）

2008—2009 年西北大学校内基金资助项目（09NW60）

东汉砖文语法研究

周建姣 著

商 务 印 书 馆 出 版

（北京王府井大街 36 号 邮政编码 100710）

商 务 印 书 馆 发 行

三河市尚艺印装有限公司印刷

ISBN 978 - 7 - 100 - 10701 - 3

2014 年 10 月第 1 版　　开本 880 × 1230 1/32

2014 年 10 月北京第 1 次印刷　　印张 9 1/2

定价：38.00 元

东汉砖文语法研究

周建姣　著

商务印书馆
创于1897　The Commercial Press
2014年·北京

图书在版编目(CIP)数据

东汉砖文语法研究 / 周建姣著 .—北京：商务印书馆，2014.8

ISBN 978 - 7 - 100 - 10701 - 3

I. ①东… II. ①周… III. ①古砖—汉字—古代语法—研究—中国—东汉时代 IV. ① H141 ② K877.93

中国版本图书馆 CIP 数据核字（2014）第 207094 号

2010 年教育部人文社会科学研究西部和边疆地区项目（10XJC740007）

2010 年陕西省教育厅科学研究项目人文社科专项（2010JK282）

2008—2009 年西北大学校内基金资助项目（09NW60）

东汉砖文语法研究

周建姣 著

商 务 印 书 馆 出 版

（北京王府井大街 36 号 邮政编码 100710）

商 务 印 书 馆 发 行

三河市尚艺印装有限公司印刷

ISBN 978 - 7 - 100 - 10701 - 3

2014 年 10 月第 1 版 开本 880 × 1230 1/32

2014 年 10 月北京第 1 次印刷 印张 9 1/2

定价：38.00 元

目录

下编　语法散论

绪论

第一节　关于东汉砖文

一、东汉砖文简介

东汉砖文指东汉时期书写、刻画或模印于砖瓦等建筑材料及陶质器物上的文字，具体包括文字瓦当以及用于纪年、记墓、表达吉祥、抒发情感等的砖文。从内容上看，主要包括如下几类：

1. 表“物勒工名”的砖文

这指砖文上记录了制砖者的籍贯、姓名等。如:(1) 山阳县曲子作。(2) 公丈作此北行五。

2. 纪年砖文

东汉时条砖开始大量用于建造墓葬，墓砖上往往刻有记录造墓年月的文字。如:(1) 建武十六年作。(2) 以五月十二日作。

3. 记墓砖文

这指砖文记录了死者姓名、身份、死亡时间等信息，标志墓地所在。如：长水校尉曹炽字元盛。记墓砖文中更大量的是东汉刑徒砖志。1964 年春，汉魏洛阳故城（今河南省偃师县）南郊的东汉刑徒墓地出土了大批墓砖，刻写着死者姓名、死亡日期、生前狱所所在的郡县，等等，这就是大批刑徒墓砖文的由来。例如：（1）永元二年九月七日江夏蕲春司寇霸死在此下。（2）右部无任东海阬郯鬼新张便永初元年五月廿八日物故死在此下。

4. 吉祥语砖文

与前代在建筑瓦当上刻写模印吉祥语的传统一脉相承，东汉时期用于建筑城垣和宫室屋宇的画像砖及方砖上往往刻写或摹印有吉祥语，表达祈求吉祥富贵之意。如：千秋万世，子孙益昌，长乐未英（央）。

5. 买地券

这是东汉以来出现的一种随葬明器，并非实在的土地买卖文书，而是一种在冥世象征土地私有权限的文书。它模拟土地买卖契约形式，写明买卖双方的姓名、土地的位置和面积以及价钱等。所涉及的买卖双方、见证人均为亡人，所买卖的对象——墓地所有权是冥世所有权，其田亩面积、所用钱币也仅具冥世意义，毋须与现世实际墓地亩数及现世土地价格相对应。用意是为死者在阴间圈定土地，使免受阴间役作之苦。质地有玉、铅、砖、石、铁、瓦、木、纸诸种，砖志不在少数。如熹平五年刘元台买地砖券："熹平五年七月庚寅朔十四日癸卯，广□[①] 乡乐成里刘元台，从同县刘文平

① 原文中模糊不清的字用□代替。

妻□□代弟里冢地一处，贾钱二万，即日钱毕。南至官道，西尽坟渎，东与房亲，北与刘景□。为冢时临知者刘元泥、枕安居，共为券书，平执。不当卖而卖，卒为左右所禁，固平□为是正。如律令。”

6. 镇墓文

今见东汉镇墓文在时间、空间上均与买地券并存，是东汉中期出现在随葬明器上的解殃文辞，以朱砂书写于陶瓶为常，也有少数书写于瓦缶、墓砖上。内容是为死者解祸祛殃，并为生者祈求平安。同时也为了隔绝死者与在世亲人的关系，使之不得侵扰牵连生者。如阳嘉二年户县曹氏镇墓陶文:“阳嘉二年八月乙巳朔,六日甲戌徐。天帝使者，谨为曹伯鲁之家移殃去咎，远之千里，咎殃大桃不得留，□□至之鬼所，徐□□，生人得九，死人得五，生死异路，相去万里。从今以长保孙子，寿如金石，终無[1]凶。何以为信，神药厌填，封黄神越章之印。如律令。大阳之精，随日为德，利以丹沙，百福得。如律令。”

可以看出镇墓文的功用、性质与买地券并无本质区别:二者都是向地下鬼神通告亡人之殁亡,并祈求得到地下鬼神的接纳与保佑。只不过镇墓文以铅人、金玉奉献给地下土神以解除丧葬动土对地下神灵的冒犯，而买地券通过向地下鬼神购买葬地以得到地下鬼神的保佑。

买地券与镇墓文起源于早期道教进行驱鬼解谪的活动，或者说起源于民间巫术,书写者主要是巫觋（东汉中后期亦有“道中人”）;书写规则与书写内容主要取决于巫觋方术的准则，而并非亡人及其

① 东汉砖文中“无”“無”同现，故加以区分。

墓地的实际情况。

7. 表达书写刻画者所思所感的砖文

此类砖文主要见于20世纪70年代出土于安徽亳州的曹氏（东汉后期宦官曹騰一族）宗族的合葬墓地，是造砖筑墓的低级官吏及工匠随意刻写的文句，记述个人的情况或表达思念家乡、劳作辛苦等感情。如:（1）六月七日来。（2）吾本自平原自姓为张。（3）为将奈何吾真愁怀。

二、历代砖文著录与研究情况

（一）专书著录

1. 砖文

砖文著录最早的是北宋赵明诚《金石录》，录有西汉砖文一条。宋代洪适《隶续》,收录东汉砖文五件。清代孙星衍《寰宇访碑录》，王昶《金石萃编》也有不少收录。陆增祥《八琼室金石补正》收录砖文170种，按时代排列，每件标记形制、书体尺寸和今在地点，后录释文，最后附各家评述及作者按语，是著录砖文的重要著作。此外，这一类文献还有《百砖考》《百甓斋古砖录》《浙江砖录》。端方《陶斋藏砖记》首次著录刑徒砖文，此后罗振玉《恒农专录》收录墓砖砖文二百余品。20世纪初,《砖文考略》《楚州城砖录》《温州古甓记》等相继问世，这些著作在考证上取得重大进展，不过都没有摹本，是为遗憾。

当然也有拓片与释文结合的文献，如冯云鹏《金石索》、陆心源《千甓亭古砖图释》。后者收砖文1320余条，以纪年砖为主线，按时代排列，无纪年的附于卷后。每砖标注尺寸、录文、按语及出处。砖文及图案原拓影印，清晰真实。此后有黄文弼《高昌砖录》、王晋卿《汉魏六朝砖文》等。2005 年贾贵荣、张爱芳选编的《历代陶文研究资料选刊》出版，收录清代民国学者研究历代砖文的代表作，例如上文提到《百砖考》《百甓斋古砖录》《浙江砖录》《砖文考略》《温州古甓记》《千甓亭古砖图释》《高昌砖录》都收录在内，大大方便了当代学者对砖文进行研究。

以上介绍的著作中录有东汉砖文的，民国以前有《浙江砖录》《千甓亭古砖图释》《陶斋藏砖记》《恒农专录》四部，前两者的著录以纪年砖文为主，后两者则为刑徒砖文。

近二十几年全面收录介绍砖文的著作主要有以下几部。

王镛、李淼编撰的《中国古代砖文》(1990)。该书“概说”除介绍中国砖文的形式、内容以及发展、演变的历史外，还详尽论述了砖文的书体演变、书法特征，探究了砖文书法衰落的原委，并说明砖文在书法史上的意义与价值。对书法的关注可以说是该书的一大特色。然后原迹影印先秦至隋唐时期的砖文并附有释文。由于着重表现砖文的书体特征，所以该书只是举例性地选取不同时代的砖文，收录自然不够全面。

殷荪主编《中国砖铭》1998 年由江苏美术出版社出版，是近年出现的第一部中国砖文的集大成之作。目前可见的东周至清代的砖文，书中基本收录齐备。“导论”概述中国砖文的产生、演变、发展的历史；归纳历代砖铭的不同形制和特征；探讨不同时代砖文的历史特征、史料价值以及书体特点等。“中国历代砖铭析言”部分介绍各时代砖铭的具体情况。正文影印原拓历代砖文，按时代顺序排列，有的附有释文。

2008 年文物出版社发行的《中国古代砖刻铭文集》(上、下)

是砖录收集的最新成果，也是目前收录砖刻最为全面系统的文献集。由胡海帆、汤燕主编。这是一部侧重说明文字的古代刻字砖图录。所收既有人们已知晓的一些传世砖刻，更有大量未刊布的新资料。收西汉砖刻 17 件，东汉砖刻 686 件，书中展示图录，同时一一标示原砖材料的出处、尺寸、出土地点、时代等。

关于东汉刑徒砖文收录的最新成果是《汉魏洛阳故城南郊东汉刑徒墓地》的出版。由中国社会科学院考古研究所编著，文物出版社 2007 年 8 月出版发行。文后有 440 版墓志砖铭文拓本，彩色图版 4 版，黑白图版 141 版。1964 年春中国科学院考古研究所对位于河南省洛阳市与偃师市接壤的汉魏洛阳故城南郊偏西南处的东汉刑徒墓地进行了发掘，该书全面翔实地公布了发掘成果，包括砖志铭文的统计和考释，以及散存于社会及著录发表的东汉刑徒砖志的统计记录，是东汉刑徒砖文最全面权威的著录。

2. 陶文

“陶文”这个名称在著录专书中有两个含义。一部分专书以“陶文”统称本书所谓的“砖文、瓦文、陶文”。如《历代陶文研究资料选刊》(2005)的出版说明中这样定义“陶文”:“陶文(包括砖文、瓦当文字等)，即雕刻或摹印在陶器上的文字。”书中收录的“清代民国学者研究历代陶文的代表作”包括《浙江砖录》《千甓亭砖录》《千甓亭砖续录》《百砖考》《台州砖录》《陶斋藏砖记》《砖文考略》《高昌砖录》《雪堂专录四种》(即《恒农专录》《楚州城砖录》《地券征存》《专志征存》)《汉安甗颀砖录》《广州城残砖录》十一种砖文著作，还包括《秦汉瓦图记》《十钟山房藏齐鲁三代周秦两汉瓦当文字目》《汉甘泉瓦记》《温州古甓记》四种瓦当文著作。再如《中国砖文大字典》的钟(明善)序指出:“陶文，我们是指那些留在陶制器皿、建筑材料等上面的锲刻、书写的文字。”而具体收录包括上起商周，下迄南北朝的陶文（商周至秦汉时期的陶器器皿及其他陶瓦片上的文字）、瓦文（汉代瓦当文字）、砖文（汉至魏晋南北朝及少量唐代砖刻文字）。

但是传统著录著作又往往以“陶文”专指陶器上的出于“物勒工名”之用的印款戳记等。此类著录一般集中在对西汉以前陶文的著录研究上，尤以战国陶文为主。陶文的收集、著录与研究以清末山东著名的金石学家陈介祺为最早，有《簠斋藏陶》《簠斋论陶》。此外其他金石学家也有陶文刊本传世。如刘鹗的《铁云藏陶》(1904)，日本太田孝太《梦庵藏陶》(1922)，黄宾虹《陶玺文字合证》(1930)，王献唐《邹滕古陶文字》(1934)，孙浔、孙鼎《季木藏陶》(1943)。上述刊本中《季木藏陶》最有影响。《季木藏陶》是周进（字季木）“收陈氏（介祺）及黄县丁氏精品，复益以新发现者得四千种”[①]。1998年中华书局以周氏亲属周绍良先生整理编辑的拓片为基础(以山东地区的陶文为主)，刊行《新编全本季木藏陶》，选片更加完备。同时全部拓片按时代、国别排列，每一拓片下附注释文。收录陶文主要为印款（以玺印印于或刻于陶器之上）、标记主管制陶的机构名或官职名以及“陶者市籍”。从时代看主要为战国和秦汉时期的陶文，杂有少量西晋和宋元以来的陶文。为书中拓片考释的李零先生在“前言”中介绍了战国时期“齐、燕、邾、滕”等国陶文的分类及题铭格式。

3．瓦文

历史上瓦文的著录集中于瓦当文字。瓦当是建筑用的筒瓦顶端

---

① 孙浔、孙鼎《季木藏陶》1943年影印本，孙浔跋。

的下垂部分，一般称为筒瓦头，主要有图像瓦当、图案瓦当、文字瓦当几类。根据目前的考古发现，文字瓦当使用的广泛性、艺术性在西汉时发展到鼎盛，至东汉时文字瓦当骤减。

文字瓦当的著录最早有宋代黄伯思的《东观余论》，南宋无名氏《续考古图》，元代李好文《长安志图》。这些早期的著录都只有文字，没有摹本，比较简略，仅见数片。

此后不断有新瓦出土，清人的著录渐见规模。有康熙年间林吉人的《汉甘泉宫瓦记》，乾隆年间朱枫《秦汉瓦图记》。后者摹刻原形，堪称瓦当文字“专著之始”。此外程敦、钱坫、俞肇修、申兆定、毕沅、王昶、钱泳、孙星衍、端方等人亦有收获，秦汉瓦文逐渐大显于世。清末罗振玉汇集清代诸家拓本，辑录成《秦汉瓦当文字》，收录瓦当三百余品，为宋以来瓦当著录集大成之作。

除了有关瓦当文字的专著，还有一些砖瓦合著，如吴大澂《窸斋砖瓦录》。

从内容上看，前代著录中有的有部分图录，如张廷济《清仪阁古器物文》;有的仅有部分摹文，如王昶《金石萃编》、陆增祥《八琼室金石补正》。不难发现，清代以前，由于条件的限制，瓦当研究基本停留在收集和汇编材料的程度上。另外收集著录多以汉代文字瓦当为主，重复多，新品少。

新中国成立以来，考古工作不断深入，瓦当资料多有发现，拓展了研究视野，瓦当研究也达到前所未有的高峰。陈直《秦汉瓦当概述》(1963)，将文献典籍研究同田野实践结合，堪称秦汉瓦当研究的奠基之作。1964年陕西省博物馆编辑出版《秦汉瓦当》，收集秦汉瓦当一百三十五品，标明出土地，分析了时代特点，可谓一次有益尝试。进入80年代，多部瓦当专书相继出版，如陕西省考古研究所秦汉研究室编《新编秦汉瓦当图录》(1986)、刘士莪编《西北大学藏瓦选集》(1986),较全面反映了西北地区秦汉瓦当的面貌。此外杨力民《中国古代瓦当艺术》(1988)等，从艺术角度对中国古代瓦当做了研究与评述。90年代出现瓦当研究综合性专书。赵力光编《中国古代瓦当图典》(1998)，收集瓦当七百余品，具一定规模。傅嘉仪编著《秦汉瓦当》(1999)、《中国瓦当艺术》(2002)。而真正全面反映新中国成立以来考古出土瓦当材料的集成之作是张文彬主编《新中国出土瓦当集录》(1998)。该作对新中国成立后经考古发掘出土和部分调查采集的瓦当按遗址分卷，编辑成册,《燕下都卷》《齐临淄卷》《甘泉宫卷》已出版,《汉长安卷》《汉陵卷》《汉魏故城卷》《唐长安卷》《唐洛阳卷》据说也即将面世。这些著作多以年代为序收录瓦当，历代瓦当基本收录完全。图像瓦当、图案瓦当示以拓本，文字瓦当则有拓本有释文，图文并茂地反映古代瓦当的面貌，同时详细介绍古代瓦当的有关情况。

（二）字典类

有关砖文的字典、字汇类工具书主要有:高明编《古陶文汇编》(1990)，高明、葛英会编《古陶文字征》(2000)，徐谷甫、王延林著《古陶字汇》(1994)，殷荪编《中国砖铭文字征》(1996)，陈建贡编著《中国砖瓦陶文大字典》(2001)。

（三）研究情况

除了历代的著录著作，历年杂志中也有关于砖文最新发掘情况的报道以及一些文字释读类的研究成果，而艺术、语言方面的研究也在展开。下面就分说各种砖文材料的研究情况。

1. 文字瓦当

汉代文字瓦当材料多出自西汉，东汉较少。以往对文字瓦当的研究，除了文字释读类的较多，其他主要集中在艺术分析及文化阐释的角度。例如陈道义（2008）《汉代文字瓦当与砖文的装饰意味及其文化阐释》，傅凯、倪勇（2007）《汉代瓦当的美学内涵》，王科本（2007）《汉代瓦当艺术的美学特征》，欧阳摩一（2005）《论秦汉文字瓦当的形式艺术》，林鲲（2006）《论汉代建筑装饰中文字瓦当的特色》，此外有王文广（2005）《汉瓦当文字装饰纹样的文字学与书法学意蕴》、程永建（2004）《洛阳东周两汉瓦当概述》、贺科伟（2009）《从文字瓦当看汉代农业习俗》。

2. 刑徒砖文

吴荣曾在 1977 年发表的《汉刑徒砖志杂释》中就一些关键词语做了详细释读，是阐述刑徒砖志字义的最早成果。赵超在《汉魏南北朝墓志汇编》（2001）的前言中介绍了刑徒墓砖文的来历。

3. 曹氏宗族墓砖文

赵超（1980）《论曹操宗族墓砖的性质及有关问题》考察了曹操宗族墓砖的性质，李灿（1981）《曹操宗族墓砖字书体考》考察了曹操宗族墓砖文的书体特征。

4. 买地券、镇墓文

目前对于买地券、镇墓文的研究一方面集中在历史文化领域和艺术分析的角度，例如吴天颖（1982）《汉代买地券考》探讨了买地券的性质，吴荣曾（1981）《镇墓文中所见到的东汉道巫关系》探讨了镇墓文中反映出的道巫关系，黄景春（2003）《王当买地券的文字考释及道教内涵解读》在考释文字之余探讨了该篇买地券的道教内涵。

另一方面，近年出现一些综述性文章，如曹岳森（2001）《买地券研究三题》对买地券的研究进行了回顾，并介绍了买地券的性质和形式。吕志峰（2003）《东汉买地券著录与研究概述》对东汉时期买地券的著录和研究情况进行了简要梳理，著录方面从发端、其他著录、质品著录等三个方面简单介绍了东汉买地券的著录情况；研究方面则从正名、溯源、性质探讨、辨伪、作为史料之用等六个方面概述了东汉买地券的研究情况，并分析其研究特点。吕志峰（2006）《东汉镇墓文考述》对东汉镇墓文的数量、著录、内容、功能、书体及其与早期道教的关系等问题进行了考察。黄景春博士论文（2004）《早期买地券、镇墓文整理与研究》，第一次系统整理了东汉至魏晋南北朝时期的买地券与镇墓文。黄景春（2007）《买地券、镇墓文研究及其语言文字学意义》从买地券、镇墓文发展简史，买地券、镇墓文的研究历史和现状，语言学意义——保留了古代民间口语的原生形态等三个方面概述了两种材料的发展及研究情况。此外有鲁西奇（2006）《汉代买地券的实质、渊源与意义》。

研究专著方面，吕志峰（2009）《东汉石刻砖陶等民俗性文字资料词汇研究》进一步阐明东汉买地券、镇墓文的艰深文意，并首见从词汇学角度对砖文进行研究。蔡子鹤（2009）《汉至唐宋买地券语言研究》，系统搜集并整理已经出土的汉至唐宋买地券材料，从语言学的角度切入，分析买地券的重点习语，为深入研究买地券提供可靠的基础材料。

从以上梳理中可看出，目前对东汉砖文的全面整理正在日益系统完备，但语言方面的研究还非常薄弱，特别是尚未见从语法角度对这类材料进行系统研究，因而补充这一课题十分必要。

三、本书的材料收集

本书的材料收集工作包括两部分:一是数十年来考古勘查的有关材料，考古、文字等各方面的研究性论文，凡是已经公布的都尽可能收集;二是遍查各种著录类著作，包括上海博物馆等单位的馆藏拓本及摹本,最终经过甄选确定本文的研究材料。详见表绪—1、表绪—2。

表绪—1　本书材料来源一览

砖文类型	材料来源（单位:条）	总计（单位:条）
吉语砖文	《中国砖铭》28; 《中国古代砖文》6; 期刊 1	35
记名砖文	《中国砖铭》17; 《中国古代砖文》5; 期刊 14	36
记数砖文	《中国砖铭》8; 《中国古代砖文》1; 期刊 3	12
纪年砖文	《中国砖铭》139; 《中国古代砖文》15; 《浙江砖录》5; 期刊 2	161
刑徒砖文	《陶斋藏砖记》 《恒农专录》 《考古》1972.04 《东汉洛阳城南》 《中国砖铭》(所有图版)	119
曹氏宗族墓砖文	《文物资料丛刊》第二辑	94

续表

买地券	刘元台买地券	《文物》1980.02	2
	刘公则买地砖券	《望都二号汉墓》	
镇墓文	黄景春（2004）《早期买地券、镇墓文整理与研究》吕志峰（2009）《东汉石刻砖陶等民俗性文字资料词汇研究》		30

表绪—2　收录于期刊的砖文材料情况一览

砖文类型	砖文释文	期刊（年·期数·页码·图次）
吉语砖文	宜子孙长大吉利。	《考古与文物》1983.01.18. 图七 2
	大。	《考古通讯》1958.02.44. 图一
	白米囷。	《考古》1963.04.227
	巨张牢。	《中原文物》1982.01.8. 图十
	王章。	《考古》1986.09.805. 图七
	罗妇张老葬也。	《北方文物》1988.04.32
	大吉昌骆公。	《考古》1990.09.819. 图八 7
	八千万岁。	《文博》1991.02.17. 图一 1
	八千万族（侯）。	《考古》1992.12.1143. 图一 3
	乘万石。	《文物》1992.12.12. 图七 2
	丁卖。	《考古》1994.02.139. 图三
	薛师。	《考古》1997.06.28. 图四 1
	大吉番禺。	《考古》1997.06.28. 图四 3
	番禺大治历。	《考古》1997.06.28. 图四 4
	黄君法行孝女袪芎。	《考古》1997.07.15. 图六

续表

记数砖文	廿六。	《文物》1983.06.50. 图二、三
	卅三。	《考古》1983.09.786. 图二
	六十四。	《考古》1997.06.28. 图四 2
纪年砖文	延光四年七月骆工。	《考古》1990.09.819. 图八 4
	四年七月骆平公作。	《考古》1990.09.819. 图八 9

上文从内容上对东汉的砖文做了大略介绍。全部释文见本书附录 3，一一标注出处，以备读者查对。经过前人的整理研究，东汉大部分砖文有了确切释文，但仍有少量出土实物上的文字有待进一步考证释读，笔者将继续关注这一课题。

第二节 研究的意义

在汉语史的研究中，语言资料的选择是一个重要问题。正如日本学者太田辰夫（2003:380）所指出的："在语言的历史研究中，最主要的是资料选择。资料选择得怎样，对研究结果起着决定性的作用。"因此研究材料"既要可靠，又要典型"，这才称得上"理想的语料"（胡敕瑞 2000）。

所谓"可靠"指材料要真实。本书选择的材料均为年代确定（铭文中大多有确切纪年）的出土实物文字材料，可为语言研究提供可靠依据。同时所选语料的年代从东汉早期到东汉晚期均有涉及，这为考察语言的发展历程，反映语言的流变历史提供了保证。

"典型"则要求口语性强（胡敕瑞 2000）。口语性强才能反映当时百姓言语的真实面貌，为语法研究提供可靠语料。本书所选语料反映的大多为底层民众生活及情感，用语通俗，有较鲜明的口语化色彩。虽然所选材料一部分有一定程序化特征，也许离百姓的日常口语差距还较大，但也反映了当时社会的普遍思想。例如画像砖及方砖砖文上的“长生未央”“延年益寿”“千秋万岁”等祝福之辞，表现出当时百姓追求长生不老的愿望，与后代买地券、镇墓文中祈求永生的想法相呼应，反映了当时社会的思想意识。而对于语法研究而言，有些材料包含的虚词较少，例如纪年砖文、吉语砖文，此外，刑徒砖文为死者记姓名、死期，程序化较强。也许这些材料反映的语法关系不够丰富，体现的语法特征可能不够典型。但是曹氏宗族墓砖文、买地券、镇墓文却可弥补这方面的不足。曹氏宗族墓砖文中，除了一部分主要标记死者身份、姓名，也有相当数量的砖文是筑墓工人、带刑下级官吏在劳动之余有感而发所随意刻写的文句，口语化特征颇为鲜明。而带有明显迷信色彩的买地券、镇墓文一般出自于中小型墓葬，起源于早期道教进行驱鬼解谪的活动，或者说起源于民间巫术，书写者主要是民间巫师方士（东汉中后期亦有“道中人”），所使用的语言、所反映的习俗生活、情感意识都具有浓厚的世俗色彩，可以说是研究当时民间口语及下层书面语的理想语料。

而选择东汉语料的原因则是东汉在汉语史上的重要地位。关于汉语史的分期，学术界的意见不完全一致。中古汉语的概念是瑞典著名汉学家高本汉（1994:21）提出来的，他在研究汉语语音史时把汉语分为太古汉语、上古汉语、中古汉语、近古汉语、老官话等五个时期。此后王力《汉语史稿》（2002:32）把汉语史分为上古、中古、近代和现代四期，沿用了中古的提法，主张中古自魏晋南北朝至南宋前半期。太田辰夫《汉语史通考》（1991:10）则主张“中古”为魏晋南北朝。近年来，方一新、王云路（1993:1）又提出东汉至南北朝说。目前比较流行的东汉至隋（1世纪到7世纪初）的说法就是以此为基础稍加变化来的。可以看出无论学者如何划定中古的时间跨度，都认为东汉是汉语发生剧烈变化的时期，在汉语史上地位突出。与先秦相比，魏晋南北朝的语言在语音、词汇、语法各方面都有较显著的变化，东汉正处于这两个时期的过渡阶段。对某一时期的语言做断代语法研究，“是汉语史研究的基石”（何乐士2000），对东汉的语言材料进行研究，不仅可以更全面地认识东汉语言的实际使用情况，还可以借此更清楚地解释古代汉语的演变规律，了解汉语的发展史。

新材料的加入也可以使研究的视野有所扩大，结论得到新的补充。本书选择的砖瓦类文字材料就是以往研究中人们少有涉及的材料，尤其是语法的研究基本无人问津。

而语法研究十分重要，因为汉语缺乏严格意义的形态变化，虚词和语序是重要的语法手段。虽然我国语法学建立较晚，但是汉语虚词研究却可追溯到很早的时期。例如《诗经·周南·汉广》:“汉有游女，不可求思。”《毛传》:“思，辞也。”这是较早的训释虚词的例证。文言虚词专著的产生，亦早于其他语法著作。元代卢以纬的《语助辞》算得上最早的虚词词典。清代王引之的《经传释词》则是汉语语言学史上虚词研究的名著。近代马建忠的《马氏文通》第一次从语法学角度开始了分类研究。

可以看出，直到清代，汉语的虚词研究大多属于训诂学范畴，偏重词义的训释，甚少分析语法特点，与现代语法学的研究很不相同。尤其由于历史原因，中古及近代汉语虚词的研究一直是语法研究中较为薄弱的环节。对这一时期虚词的解释仅散见于有关语法史的论述中，如吕叔湘《汉语语法论文集》《近代汉语指代词》等。

从语法史看，语法的发展有渐变性，一般总要以前期的语法作为基础，并对后期的语法发生影响，因而各个特定时期的语法规律均有不同程度的承上启下的作用。以往对砖文材料的研究集中在历史文化领域及书法学角度，例如探讨买地券的性质、镇墓文中反映出的道巫关系、各种砖文的书体特征等，至今尚未见到从语法角度对这类材料进行系统研究，因而补充这一课题是很有意义的。

第三节　主要内容

简单介绍本书的结构及主要内容。

绪论介绍了本书的研究材料、本课题的研究意义、主要内容和研究方法。

本书主体部分分为上下两编：

上编为虚词集论，以词类为纲，采用专书研究的方法，对东汉砖文中的介词、副词、代词、连词、助词和语气词进行全面描写，同时将砖文中的虚词与东汉其他文献《论衡》《太平经》、汉译佛经进行对比研究。每个章节基本分为虚词个案介绍、东汉砖文虚词与东汉其他几种文献虚词对比研究及小结几个部分。本书充分调查虚词的分布特点、使用频率和语法功能；在对东汉砖文虚词全面描写的基础上，利用学术界已经取得的成果，进行共时和历时方面的比较，揭示这些虚词在汉语发展史上的地位。

调查发现，东汉砖文副词使用最多，其次是介词。

东汉砖文的虚词大多承袭先秦汉语而来，其中所见虚词也都见于东汉其他文献。但具体到各类虚词及个体虚词的使用情况来看，比之前代，其中的发展成分较为突出，出现了不少新用法。

下编为语法散论，是从语法角度进行的专题研究，有四个专题。

《东汉俗语文献行为处所表示法探索》:古汉语中关于行为处所有不同的表达方式。处所词可以直接放在动词后做宾语，也可以由介词介出;处所词由介词引进时，"介·宾"结构大多数位于动词之后，但汉代以后"介·宾"位于动词之前的情况逐渐增多。笔者经过对东汉几种通俗文献材料进行调查分析后发现，当时表示行为处所时，用或不用介词引进在表意上并无差别。用还是不用介词引进处所，各个动词的情况各不相同。而"介·宾"位于动词之前还是位于动词之后则看各个介词的使用规律而定。

《东汉砖文及〈太平经〉引进处所介词"在"的使用情况》:关于"在"字介词用法产生的时代，学界的观点在不断修改。郭锡良(1997)曾提出,真正的介词"在"到汉代才产生。但后来喻遂生(2002)认为,甲骨文中"在"已用为介词。张赪(2002)广泛调查先秦文献，亦指出先秦时期"在"的介词用法已出现。引进处所也是介词"在"的重要用法，关于这一用法"在"的使用情况，从先秦到元代，各时期的文献都有学者做过调查，很好展示了引进处所介词"在"的发展过程。但是东汉砖文中引进处所介词"在"的使用情况，似乎还没有学者论及，另外，本书在对比研究中重点调查的东汉道教典籍《太平经》，也未见详细统计分析。鉴于此，笔者对这两种材料中引进处所介词"在"的使用情况做出调查，以期为汉语史研究提供一点参考。

《东汉墓志材料中的同义连用》:同义连用是古汉语中一种普遍的修辞表达现象，指出于强调、渲染、调剂音节等需要，将两个或两个以上意义相同或相近的词语临时组合在一起，表达一个整体意义。同义连用在先秦彝铭和典籍中就有使用，周秦两汉文献中已经大量存在。笔者经过调查，发现东汉砖文及相关记墓镇墓材料中也有这种用法。不过东汉砖文由于语料较少，只发现1例，双音节词“物故”与单音节动词“死”连用。而另外一篇木质镇墓文中还有1例表示总括的短语“莫不”和表总括副词“皆”的连用。在调查对比中发现了东汉墓志材料中的这两例同义连用，并未限于砖质材料，特此说明。文章同时考察了同义连用的成因。

《东汉刑徒砖文句式考察》：刑徒砖文是东汉砖文的重要内容，句式带有程式化特征。本文希望通过句式考察探究其中虚词的使用特点。从内容看主要有“××死”、“××物故”、“××死在此下”、“××物故死在此下”等几种结构类型。动词主要有“死”和“物故”两个。表示行为处所时主要由介词“在”引进，没有出现东汉其他文献中常见的“於”“于”等。

此外本课题研究过程中的文献整理及文字考释成果放在附录1。其中，《东汉刑徒砖文整理》是对东汉刑徒砖文进行整理。以往关于这批砖文有一些著录，但到目前为止仍然欠缺对这批材料的集中整理，以作为信实史料为进一步语言及各方面研究提供参考。本文对东汉刑徒砖文的名称由来、出土及历代著录情况以及研究情况做了介绍；对照已发表的砖文原样图片及前人的著录，选取代表性的刑徒砖文，按时代先后逐条进行释文、注释，并对有关问题加以说明，集中展现东汉刑徒砖文的面貌。《东汉买地券、镇墓文与〈太平经〉释文互证》是将东汉买地券、镇墓文（包括砖质铭文及其他材质的铭文）与时代相近、内容相关的《太平经》进行对比，通过文句互证对买地券、镇墓文中的某些字句进行释读。

第四节 研究方法

研究过程中运用的方法有：

一、定量统计与定性分析相结合

运用数量统计方法，对材料中的虚词做穷尽式调查统计，每一虚词及每一用法出现的次数、决定性材料及充当论据的材料均在正文列出。为求清晰，有些材料以表格列出。对虚词的用法进行全面的实事求是的描写，总结其语法特点和使用规律，力求避免主观臆断。

二、静态描写和专题研究相结合，虚词研究和句式考察相结合

首先，本书对虚词按用法分类，详细描写，但有时单纯的分类描写难以反映材料的全貌，例如，我们的研究对象主要是砖质材料，包括大量的砖质买地券、镇墓文，但当时也有不少铅质买地券及木质镇墓文，有的用法复杂的虚词及一些语法现象，分析中离不开其他材料的支持，因而作为专题进行研究，材料也不限制在砖文上，这从下编语法散论的几篇论文的题目中也可以看出来。比方刑徒砖文中有大量"死在此下"的用法，"在"成为东汉砖文中使用频率最高的引进处所的介词。那么能否说明"在"引进处所在东汉砖文中占主导，其他材质的记墓镇墓材料中的使用情况如何，同代文献表示行为处所又用到哪些介词、有哪些方法呢？必须设专题进行讨论。

其次，把虚词研究和句式考察相结合，避免就虚词论虚词。重视虚词在单句、复句、语段中的运用，注意虚词在固定格式中的作用和特点，同时还将介绍分析与其他词语构成的短语。

三、重视比较的方法

本书在详尽描写虚词用法的基础上，将与其他文献对比，力求在对比中揭示虚词的演变历程。蒋礼鸿（1988）曾经指出："研究古代语言，我以为应该从纵横两方面做起，所谓横的方面是研究一代的语言……所谓纵的方面，就是联系起各个时代的语言来看它们的继承、发展和异同。"纵的方面即历时的比较，本书将充分利用前辈时贤的研究成果辅助研究。首先所选语料虚词的词性、用法的确定参照《古代汉语虚词词典》。该词典的编者多是经典著作《古汉语虚词通释》的编者，而更好地吸收了前代成果，被誉为"古代汉语虚词专著规模、成就最大的一部书"（孙良明 2000），故选定该词典作为依据。正文中所有统计数字均指句意明确的用例，尚难释读及句意仍有异议的例句阙论。杨伯峻、何乐士（1992）的《古汉语语法及其发展》对虚词用法的解释更加详尽，也是本文参考的重要著作。此外何乐士《〈左传〉虚词研究》（1989）、《史记》虚词研究（1992）的成果，刘春凤（2005）《〈论衡〉与汉译佛经介词比较研究》、马贝加（2002）的《近代汉语介词》等关于中古时期的语法研究成果以及各家总结的语法史规律，我们也拿来做参考。引用其他前辈时贤的研究成果时，均在文中说明，绝不掠美。

横的方面指同一时代共时的比较。共时比较将以同时代的传世文献为参照，尤其重视与东汉时期口语性突出的典籍记载进行比较。这些口语性较强的材料有：

东汉佛经。东汉初年佛经传入中国[①]，宣讲对象主要是普通大

① 杨寄林（2002）《太平经今注今译》第4—7页："通常认为佛教自东汉明帝永平年间开始传入中国内地……以《襄楷传》同本经两《诀》经文相印证，《太平经》成书的绝对年代当在延熹八年。"

众，而最初的译者又都是外来僧人，所通晓的是当时的汉语口语，并不具备很深的文言功底，且译经在当时来说属首创，没有文言范例可以参考，这些都决定了东汉佛经具有很强的口语性质。

《太平经》。中土文献中，成书于东汉后期的早期道教经典《太平经》，由于主要在民间宣讲，所以语言质朴，用到一些当时的口语。而东汉砖文的重要组成部分——买地券与镇墓文反映的是早期道教思想，这和《太平经》的中心思想一致。故《太平经》不仅在时代上与东汉砖文相近，而且内容与后者联系紧密，可谓与后者进行比较研究的理想文献。同时，东汉砖文篇幅大多比较短小，内容的重复性大，语法关系不够丰富，通过和《太平经》比较，某些语法现象就可以得到更好的说明。

《论衡》。中土文献《论衡》虽为当时的政论文章，但用语浅易，作者在书中主张“口则务在明言，笔则务在露文”，表明自己作书是“直露其文，集以俗言”，所以《论衡》也具有一定的口语色彩。

上述语料同属于东汉时期口语性较强的文献，当然又存在很大差异。就上述传世文献而言，其差异性主要体现在以下方面：

一是来源。《太平经》《论衡》是中土文献，佛经是外来译经。

二是作者。佛经的作者是外来僧人，学的是当时通用的雅言；《太平经》并非一人一时之作，它属于宣扬教义的讲稿，大约从“口耳相传到整理成书，自始至终未经过较高文化水平人士的润饰删削”（刘昭瑞 1992）；《论衡》的作者则是中土文人，对文言的使用驾轻就熟。

三是文体和内容。“经”主要讲佛经教义，早期的译经多用散句。《太平经》大多采用天师与真人一问一答的对话体，也有直述体和韵语，其中“谶言竞出，俚辞纷呈”（杨寄林 2002），形成“申明天谶格法与随俗成文互持交融的宣讲风格”;《论衡》为政论文，体现的是儒家思想，论述时常用对句。而东汉砖文亦具有极强的口语性质，作者为粗通文字的民间制陶工匠或下级官吏，以及民间的巫师方士等，文中所使用的语言、反映的思想和习俗具有浓厚的世俗色彩。

以上各种材料存在诸多差异，而反映在词法句式上的差异越多，就越有可比性。

需要指出的是，在所有的统计资料中，《太平经》虚词及相关句式的统计资料除特别说明，均为笔者自己统计，而其他材料的统计数字多援引他处。调查《太平经》主要依据两个版本，一为王明编《太平经合校》(上、下)，一为俞理明著《〈太平经〉正读》。文中引用时，字形以王明《太平经合校》(文中简称“校”)为准；句读上，俞理明《〈太平经〉正读》对《太平经合校》有不少订正，所以本文引用时句读以俞理明《〈太平经〉正读》为准。

具体来说，通过比较，可以揭示东汉语料所用虚词与上古虚词的差异，从而认清所选语料的价值，看到它们对后世的影响；通过比较，可以剥离出那些共同反映东汉虚词发展的成分，并离析出东汉时期出现消亡的一些成分，从中看出东汉虚词发展变化的特点；通过比较，收集到一些语法书晚收或失收的新兴虚词或某些新用法，既可以对整个语法系统进行匡补，也可以为今后历时虚词词典的编纂提供素材。

上编　虚词集论

第一章　介词

一、关于介词的判定与分类

关于介词如何判定，前人多有研究。赵元任（1979:330）曾就现代汉语提出过介词的形式标记:第一，缺少态的变化，具体包括没有表尝试的重叠，不能带表开始的“起来”，不能带表不定过去的“过”，很少带完成态的“了”，少数带进行态的“着”;第二,一般不做谓语中心。金昌吉（1996）区分了介词的核心功能和一般功能。这方面研究虽多，但至今没有令人满意的结论。

介词又易与动词混淆。介词主要从动词虚化而来，往往存在动介兼类的情况。因此在研究介词时，既要注意介词与动词共时的区分，又要承认介词与动词在历时中的联系。尤其是在历时研究中，要注意介词的萌芽现象，即新的介词用法的产生。这方面我们主要借助语法化的途径来帮助判定。

刘丹青(2003:334)指出语法化的途径包括:语义上的虚化;语法搭配上的泛化;语用上的淡化;语音上的弱化。就汉语中的介词而言，由于其中的绝大多数介词来自动词，因此语义上的虚化适合用来考察介词；此外，语法搭配上的泛化表现为宾语范围的扩大；语用上的淡化表现为表意时脱离对特定语境的依赖；语音弱化的用例在介词中较少见。当然，介词的语法化过程可能同时在这几个方面都有所反映，也有可能只在其中一个方面有所反映。

如“持”用作动词时，一个常见的意思是“拿着，握住”（《汉语大字典》:783）。东汉文献《论衡》中的“持”大都为此义。而在东汉佛经中，“持”的语义虚化，宾语的搭配范围扩大，用在与成熟介词“以”“用”同样的语用环境中，如朱冠明（2002）认为东汉佛经中的“持”为介词，用法与“以”相似，可以引进工具、材料、方法、凭借等。

东汉砖文中，“持”有1处用例，笔者认为具有介词用法的萌芽。

> 令故上复除之药，欲令后世無有死者。上党人参九枚，欲持代生人，铅人持代死人，黄豆瓜子，死人持给地下赋。（张叔敬瓦缶镇墓文）

根据当时的镇墓风俗，人参、铅人等物一般摆放在墓中，并不是拿在谁的手中，该句中划线的三个“持”并不表示“握、拿”之意，语义已经虚化，引进“代生人”“代死人”的工具、材料，而且“持”的宾语承前省略，用法与“以”相近，可以肯定是用作介词的新用法。虽然此时做动词，表“握、拿”之意仍然是“持”的常见用法，但“持”已经显示出介词用法的萌芽。

二、介词与动词的区分

介词主要从动词虚化而来，它在句中的作用仍带有某些动词功能。它能带宾语，但是一般来说，在句子中不能充当谓语，在句子中不能独立使用，只能与宾语组合成介宾短语后再充当句子的状语或补语。而动词可以充当谓语等多种成分。因此我们在研究中，介词与动词的区分标准为:不能独立使用，不能充当句子谓语的是介词;能够充当句子谓语或其他成分的是动词。

第一节 东汉砖文所见介词

介词同名词、代词或名词性短语组成介宾短语，修饰谓语成分，做状语或补语，表示动作行为的时间、处所、工具、方式、原因、目的、对象等。

根据上文提到的判定标准，我们归纳出的东汉砖文中的介词有“从、於、在、至、方、持、于、为、与、以、即、用”12个，可以分为引进与动作行为相关的处所，引进时间，引进工具、方式、依据等，引进对象，引进原因5个小类。

一、引进处所的介词

东汉砖文引进处所的介词有“於、在、从、至”4个。其中“从”引进起始处所，“在”“於”引进动作发生的处所，“至”引进终到处所。

（一）起始处所

从$_1$[①]

东汉砖文中“从”引进起始处所，只有1例。

作坯从此北。（曹氏宗族墓砖文）

此处“从”在动词后，表示动作的起始位置。

（二）发生处所

於$_1$

东汉砖文中介词“於”引进发生处所的用法见于同一篇镇墓文中，所在的句式也相同，引进动词“生”的处所，共5例。

县官敢告东方吏事，生於甲乙，谋议欲来。（刘孟陵镇墓文）

另外4例分别为“生於丙丁”“生於庚辛”“生於壬癸”“生於戊己”[②]。“於”引进发生处所，位于动词之后。

① 东汉砖文中的介词有的有多种作用，如“从”可引进处所，可表示动作行为开始的时间，也用于引进来源对象，故用“从$_1$”“从$_2$”“从$_3$”加以区分。其他介词情况同此，不再一一说明。

② 按:《汉语大词典》:古以干支与五行相配，甲乙配木，属东方。《淮南子·天文训》:“甲子受制，则行柔惠。”高诱注:“甲，木也。木主东方，故施柔惠。”丙丁配火，属南方。戊己配土，属中央。庚辛配金，属西方。壬癸配水，属北方。

在

东汉砖文中“在”引进发生处所共45例，全部出自刑徒墓砖文。

（1）元和四年三月□日六安舒鬼新犂错死在此下。

（2）左部无任东郡濮阳完城旦夏侯当延光四年九月一日物故在此下。

（3）右部无任少府若卢髡钳尹孝永初元年五月四日物故死在此下。

所有刑徒记墓砖文中，使用介词“在”的动词主要是两个：死、物故。《释名·释丧制》：“人始气绝曰死。死，澌也，就消澌也，汉以来谓死曰物故，言其诸物皆就朽故也。”可见，“物故”与“死”意义相同。刑徒砖文中文字清晰的大致有28例“物故死在此下”的用法，“死”“物故”在句中同时使用，是古汉语中一种常见的修辞现象“同义连用”[①]（详见本书下编第三章《东汉墓志材料中的同义连用》的讨论）。总之，句中动词全部是表“死亡”义的动词。指示代词“此”和方位名词“下”组成方位短语“此下”充当介词宾语，表示“死”发生的处所。45例中，介词“在”引进处所全部用于动词之后。

（三）终到处所

至

东汉砖文中引进终到处所的介词仅有“至”，1例。

今来至王成冢西作壁。（曹氏宗族墓砖文）

① 郭锡良、李玲璞（1992）：“同义连用指出于强调、渲染、调剂音节等需要，将两个或两个以上意义相同或相近的词语临时组合在一起，表达一个整体意义。”

"至"与"王成家西"构成介词短语，用在动词后做补语。"至"用在动词谓语前后引进到达地点的用法，在先秦时已经出现。如《韩非子·外储说左上》:"侯吏者追臣至境上，不及而止。"《古代汉语虚词词典》将"至"释为引进处所的介词。

表介—1 东汉砖文引进处所介词一览

作用	介词	次数
引进起始处所	从$_1$	1
引进发生处所	於$_1$	5
	在	45
引进终到处所	至	1

二、引进时间的介词

东汉砖文引进时间的介词有"从、以、方、即"4个。"从"表示动作行为开始的时间;"以""方""即"表示动作发生的时间。

从$_2$

"从"引进宾语，表示动作行为开始的时间，共2例。1例位于动词前做状语。

（1）许苏氏家生人富利，<u>从</u>合日始。（元嘉二年陶瓶朱书镇墓文）

例（1）中，"从"后带表时间的名词短语"合日"，组成介宾短语，做动词"始"的状语，表示动作行为开始的时间。还有1例"从"后接时间名词"今"的用法。

（2）从今以长保孙子，寿如金石，终無凶。（户县曹氏镇墓陶文）

例（2）中，"从"和时间名词"今"组合表时间，和另一个动词性结构"长保子孙"之间有连词"以"连接。"从今"大致可看作句首状语。

以$_1$

"以"引进宾语，表示动作行为发生的时间，东汉砖文中共3例，都位于动词前做状语。

（1）父以建武廿五年，母以建初四年终。（纪年砖文）

（2）以五月十二日作。（曹氏宗族墓砖文）

（3）有佞人以时盟不？（曹氏宗族墓砖文）

上例中，"以"后多接表时间的名词性结构，组成介宾短语，表示时间。例（3）中"以时"为"在一定的时候"或者"在适当时候"的意思。先秦多这样的用法，如《孟子·梁惠王上》："斧斤以时入山林。"

方

东汉砖文中"方"做介词共1例。

后死妇加亡，方年二十四。（建和元年加氏镇墓文）

此处"方"相当于"当，在"，表示情况存在时的时间。

即

"即"引进宾语，表示动作行为发生的时间，共1例，位于动词前做状语。

贾钱二万，即日钱毕。（刘元台买地砖券）

“即日”做“钱毕”的状语，意为“当日”。今天，“即日”已经固定为一个合成词了。

表介—2 东汉砖文引进时间介词一览

引进时间介词	次数
从$_2$	2
以$_1$	3
方	1
即	1

三、引进工具、材料或凭借、依据等的介词

东汉砖文中引进工具、材料或凭借、依据等的介词共有两个：以、持。

以$_2$

东汉砖文中引进工具、材料或凭借、依据等的“以”共8例。“以”组成的介宾短语位于动词前的7例：

（1）谨以铅人金玉为死者解适，为生人解罪过。（灵宝张湾杨氏镇墓文）

（2）要道中人和以五石之精安冢莫（墓），利子孙，故以神瓶震（镇）郭门。（初平四年王氏镇墓文）

（3）告上司命、下司禄，子孙所属告墓皇使者，转相

告语，故以自代铅人。（建和元年加氏镇墓文）

（4）永平十六年四月廿二日姚孝经买槁伟冢地约亩出□有名者以券书从事。（姚孝经买地券）

（5）黄帝与河南□氏□□中华里许苏阿铜□刑宪女会合，神药以镇□冢宅□□，七神定冢阴阳。（元嘉二年陶瓶朱书镇墓文）

（6）游光、地柱、南组、北斗、三䄷、七星主别解，张氏后死者句（拘）伍重复，敌持铅人、人参、雄黄解，佳、襄草别，羁以代生人之名。（南李王村张氏镇墓文）

还有1例“以”字介词短语位于动词之后：

（7）大阳之精，随日为德，利以丹沙，百福得。（户县曹氏镇墓陶文）

以上只有“利以丹沙”中，介词短语“以丹沙”放在动词“利”① 之后。

而观察介词“以”和它的宾语之间的关系，又可以发现，介词宾语一般位于介词之后，如“以铅人金玉为死者解适”“以五石之精安冢莫（墓）”“以神瓶震（镇）郭门”“以自代铅人”“有名者以券书从事”“利以丹沙”。但是也有“以”的宾语位于“以”之前的情况，如例（5）中，“神药以镇□冢宅”，介词“以”的宾语“神药”前置；例（6）“羁以代生人之名”，介词“以”的宾语“羁”也前置。

① 按：利，和也，混合之意。

“神药以镇□冢宅□□”可与第一句“以五石之精安冢莫（墓）利子孙，故以神瓶震（镇）郭门”进行对照，两句中的动词都是“镇”，但是后一句介词宾语没有前置。“羁以代生人之名”则可与“告上司命、下司禄，子孙所属告墓皇使者，转相告语，故以自代铅人”对照，动词都是“代”，后一句介词宾语也没有前置。可见，介词宾语前置时，句中谓语中心成分一般比较简单，像“以五石之精安冢莫（墓）利子孙，故以神瓶震（镇）郭门”中有排比句式，“告上司命、下司禄，子孙所属告墓皇使者，转相告语，故以自代铅人”中介词宾语为代词（“自”）时，介词宾语一般位于动词后面。

持 $_1$

东汉砖文中“持”引进工具、材料等共4例。

（1）游光、地柱、南组、北斗、三秬、七星主别解，张氏后死者句（拘）伍重复，敀持铅人、人参、雄黄解，佳、襄草别，羁以代生人之名。（南李王村张氏镇墓文）

（2）上党人参九枚欲持代生人，铅人持代死人，黄豆瓜子，死人持给地下赋。（张叔敬瓦缶镇墓文）

这两句中的“持”都是介词。介词短语均位于动词之前。就介词宾语而言，例（1）中“持”引进动词“解”的工具、材料，意思相当于“以”。例（2）中3例介词宾语前置，即“上党人参九枚”“铅人”“黄豆瓜子”作为“持”的宾语前置，意思是用九枚上党人参代替生人，用铅人代替死人，死人在地下用黄豆瓜子代纳赋税。

表介—3　东汉砖文引进工具、材料或凭借、依据等的介词一览

引进工具、材料、凭借、依据等的介词	次数
以$_2$	8
持$_1$	4

四、引进对象的介词

东汉砖文中引进对象的介词共6个：于、以、持、为、从、与。“于”“以”“持”引进受事对象，“为”既可引进受益对象，又可引进施事对象，“从”引进来源对象，“与”引进动作行为涉及的对象。

(一) 引进受事对象

东汉砖文中引进受事对象的介词有3个：于、以、持。

于

东汉砖文中“于”引进对象共1例，引进受事对象。

(1) 告于中高长伯上游徼。千秋万岁，永無相坠。(建和元年加氏镇墓文)

上例中介词“于”的宾语表示的是动词的受事，“于”引进对象表示对对象施行某种行为。刘春风（2005）将“于”的这种用法称作引进受事对象，张赪（2002）则称为引进受事。先秦时期“于/於”就有这种用法：

（2）祷尔於上下神祇。（论语·述而）

（3）虢中谮起大夫詹父於王。（左传·桓公十年）

（4）告时于王，告备于王。（周礼·春官·宗伯）

以上例句都同东汉砖文中一样，句中动词表示与言语有关的行为。

以 $_3$

东汉砖文中介词“以”引进动作行为涉及的对象时，句中动词都是“为”。共2例。

（1）何以为信？尺六桃券为□。（刘公则买地砖券）

（2）何以为信，神药厌填，封黄神越章之印。（户县曹氏镇墓陶文）

刘春凤（2005）将这种用法的“以”所引进的对象看作受事对象，也是梅祖麟（1990）所说的处置a类，即“以”字短语位于V的前面。

持 $_2$

东汉砖文中“持”引进受事对象共1例。

（1）王复汝使琖人作此大壁，径冤琖人不知也，但持汝属仓天，乃死当□□。（曹氏宗族墓砖文）

东汉时“持”出现了介词用法，常用在“持……嘱（嘱累）”结构中，其后的宾语即为“嘱”的直接宾语，此时所引进的为受事。佛经中有不少此类用法，从以下例句中可以看得很清楚：

（2）佛语阿难，持是般若波罗蜜嘱累汝。……佛语阿

难，复嘱累汝般若波罗蜜。（支谶译《道行般若经》·8/224/477c）①

（3）持是经法嘱汝等。（支谶译《般舟三昧经》·13/418/919a）

这种用法与先秦时的“以……告”结构表达的意义是一样的：

（4）伯州犁以公卒告王，苗贲皇在晋侯之侧，亦以王卒告。（左传·成公十六年）

如刘春凤（2005:52）所言，“持”接引受事，还可以“持……施（与）供养”的格式出现，表示“给某人某物”，“把某物给某人”，这时候“持”有了处置的意味，相当于“以”“把”，例如：

（5）佛问诸菩萨：若教人布施，持何等与佛。（于姑臧译《大方等大集经》·13/397/397b）

（6）持是三千国土，满其中珍宝，施与佛。（支谶译《般舟三昧经》·13/418/907b）

以上例中的“持”都不适合于理解为动词，因为在句中它的意思不是“拿了某物给某人”，不表示具体动作，而是“给某人什么东西”，“把什么东西给某人”的意思，所以看作引进受事的介词比较恰当。

---

① 文中引用的汉译佛经，文字以日本《大正新修大藏经》为底本，不取其标点。8代表第8册，224代表编号，477代表页数，a代表在第1栏，即上面一栏，b代表在第2栏，c代表在第3栏。下以此类推。

（二）引进受益对象

东汉砖文中引进受益对象的介词只有“为”。

为 $_1$

“为”引进受益对象，是东汉砖文中仅有的引进受益对象的介词，共15例。

（1）天地使者谨为杨氏之家镇，安隐冢墓，谨以铅人金玉为死者解适，为生人解罪过。（灵宝张湾杨氏镇墓文）

（2）为曹侯作壁。（曹氏宗族墓砖文）

（3）熹平元年十二月甲申，为陈刻敬等立冢墓之根。为生人除殃，为死人解适。（陈刻敬瓦缶镇墓文）

例（1）“为”引进受益对象“杨氏之家”，例（2）引进受益对象“曹侯”，例（3）引进受益对象“陈刻敬”。

（三）引进来源对象

东汉砖文中引进来源对象的介词只有“从”。

从 $_3$

东汉砖文中“从”引进来源对象仅1例。

乡乐成里刘元台，从同县刘文平妻□□代弟里冢地一处，贾钱二万，即日钱毕。（刘元台买地砖券）

（四）引进关涉对象

东汉砖文中引进施动者在发出动作行为时所涉及对象的介词只有“与”。

与

东汉砖文中"与"用作介词共2例，都表示施动者在发出动作行为时所涉及的对象。

（1）生人自有宅舍，死人自有棺椁，生死异处，無与生人相索。（韩祔兴陶罐镇墓文）

（2）今成氏之家，死者字桃椎，死日时重复，年命与家中生人相拘籍。（成桃椎朱书陶瓶镇墓文）

这两句中，"与"的宾语是"生人""家中生人"，这也是"索""拘籍"涉及的对象。

（五）引进施事对象

东汉砖文中引进施事对象的介词只有"为"。

为₂

东汉砖文中"为"引进施事对象1例。

不当卖而卖，卒为左右所禁。（刘元台买地砖券）

这一句是典型的"为……所"式被动句，其中"为"是介词，引进施动者，"所"是助词，在这种句式中意义已经虚化，加强被动语气。

表介—4 东汉砖文引进对象介词一览

作用	介词	次数
引进受事对象	于	1
	以$_3$	2
	持$_2$	1

续表

引进受益对象	为$_1$	15
引进来源对象	从$_3$	1
引进关涉对象	与	2
引进施事对象	为$_2$	1

五、引进原因的介词

东汉砖文中引进原因的介词共两个:以、用。“以”2例,“用”1例。

以$_4$、用

（1）今日吉良,非用他故,但以死人张叔敬,薄命蚤死,当来下归丘墓。(张叔敬瓦缶镇墓文)

（2）青骨死人刘公则，自以家田三梁，中有尺丈，券书明白，故立四角封界。(刘公则买地砖券)

以上2例,“以”“用” 均可翻译为 “因为”。

表介—5 东汉砖文引进原因介词一览

引进原因的介词	次数
以$_4$	2
用	1

第二节 东汉砖文与东汉其他文献介词比较研究

东汉砖文材料较少，为了更好地揭示东汉砖文中虚词的语法面貌，特将砖文与东汉时期的《太平经》《论衡》及东汉佛经做比较，希望为汉语史研究提供一点资证。

一、引进处所的介词

（一）引进处所介词比较

1. 起始处所

从$_1$

"从"引进起始处所时，一般用在动词之前，但东汉砖文中"从"引进起始处所的1例"作坯从此北"，介词用于动词后，这在当时的文献中非常少见。据研究，《论衡》与佛经两种语料中都只有一例。①

（1）飞从东来，没坐佛前。（昙果、康孟详译《中本起经》· 4/196/152b）

（2）人间之水污浊，在野外者清洁，俱为一水，源从天涯，或浊或清，所在之势使之然也。（论衡 · 率性）

例（1）（2）中，"从"放在动词后，相当于"自"，表示来源地。

据刘春凤（2005）考察，东汉传世文献东汉佛经、《论衡》中，引进起始处所的介词使用频率最高的是"从"。东汉佛经中"从"占绝对优势（98%），《论衡》中，"从"也是使用最多的。

但根据笔者的全面调查，《太平经》的情况有所不同。《太平经》用于引进起始处所的介词中，"於"最多，38例，"从"次之，共12例。

---

① 张赪（2002）认为"从"用在动词后，仅佛经中1例。

（3）始萌於北，元气起於子，转而东北，布根於角，转在东方，生出达。（太平经·卷三十九解师策书诀第五十·校76页）

（4）夫瑞应反从胸中来，随念往来，须臾之间，周流天下。（太平经·卷一百五十四至一百七十神人真人圣人贤人自占可行是与非法·校718页）

"於"的介词用法多样，就引进起始处所的用法而言，"於"也是主要介词之一，使用频率较高。在仿古意味较浓的《论衡》中，"从"使用最多，66例，"於"次之，65例，相差仅1例。

佛经中"从"使用最多，544例，"於"居第二位，8例，可见使用频率相差悬殊。究其原因，"一方面是佛经中'从'的大量使用造成的（不仅在引进处所，而且在引进时间、对象等方面均占到了绝对优势），同时也因为'从'相对'於'而言，在引进'起始'这个概念上面，更加通俗和明确。因为'於'作为介词功能特别丰富，从而可能造成模糊或歧义的情形，'从'的用法相对比较单纯，尤其在表示'起始'这个概念上，因此被后世所广泛使用"（刘春凤2005:9）。

东汉时期除了"从""於"两个介词较常用于引进起始处所外，见于传世文献中的介词还有:自、由、因、于、以。

《太平经》中引进起始处所的介词还有"于"，1例;"以"，1例。

（5）此应出腹中，发于胸心，乃若雷电之应证也。（太平经·卷一百五十四至一百七十神人真人圣人贤人自占可行是与非法·校719页）

(6)凡人举事有过，皆自身得之也。夫祸变近从胸心中出，不以他所来也。真人知耶？（太平经·卷九十八神司人守本阴祐诀第一百五十六·校440页）

《论衡》、佛经中还有“由、因、自”3个。

(7)君子之累害,与彼不育之物,不御之饭,同一实也,俱由外来，故为累害。(论衡·累害)

(8)坐於树下者，由不空起，起者当成道故，不离力无所畏，是为三署。(支谶译《文殊师利问菩萨署经》·14/458/435c)

(9)郡上贤等所采金自官湖水，非贤等私渎，故不与直。(论衡·验符)

(10)诸经法无所从生，无所因出，菩萨随般若波罗密教，当如是。(支谶译《道行般若经》·8/224/470b)

《论衡》中“由”引进起始处所14例，佛经中2例，“因”仅见于佛经中，1例。“自”仅见于《论衡》中，16例。

就以上几种材料来说,从时间上看,迄今所见的东汉刑徒砖文，年代最早的是永平五年(62)，最晚的是熹平元年(172)。《论衡》一书为东汉王充(27—97)所作,大约作成于汉章帝元和三年(86)。《太平经》为东汉道书的合集，时间跨度较大，大约成书于东汉后期(李刚1993)。佛经自东汉初年即传入中国，时间跨度亦较大。下将列表对几种东汉文献介词的使用情况进行对比，将内容上有一定相似度的砖文和《太平经》放在一起，然后是《论衡》与佛经数据，并非按照时间顺序，特此说明。

表介—6 东汉文献表起始处所介词使用情况一览

起始处所介词比较	砖文			《太平经》			《论衡》			佛经		
	词项	次数	比例	词项	次数	比例	词项	次数	比例	词项	次数	比例
	从	1	100%	於	38	73.1%	从	66	41.0%	从	544	98.0%
	—	—	—	从	12	23.1%	於	65	40.4%	於	8	1.4%
	—	—	—	于	1	1.9%	自	16	9.9%	由	2	0.4%
	—	—	—	以	1	1.9%	由	14	8.7%	因	1	0.2%
合计	1	1	100%	5	52	100%	4	161	100%	4	555	100%

2. 发生处所

於$_1$

东汉砖文中介词“於”引进发生处所共5例，都是引进动词“生”的处所。在《太平经》中，“於”引进动词“生”的处所也不少见，有20例。

（1）物生於东，乐其日进也。（太平经·卷三十五丙部兴善止恶法第四十三·校40页）

（2）人生於天地之间，其本与生时异事，不知其所职者何等也，故孝子事之宜以本，乃后得其实也。（太平经·卷三十六事死不得过生法第四十六·校53页）

经统计，《太平经》中，“於”引进处所共261例，在所有引进发生处所的介词中，使用频率最高。而在东汉佛经与《论衡》中，

“於”引进发生处所也处于第一位。

（3）书而记之，聚於一间处，众贤共视古今文章，竟都录出之，以类聚之。（太平经·卷四十一件古文名书诀第五十五·校84页）

（4）蟒蚁行於地，人举足而涉之。（论衡·幸偶）

（5）闻如是，一时佛游於舍卫国祇树园给孤独园。（安世高译《禅行法想经》·15/605/181b）

从同时代的传世文献看，“於”引进处所的用法最全面，起始、发生、终到、经由以及存在、滞留处所[①]均可引进。

东汉砖文中未见“於”引进终到处所的用例，但东汉其他几种文献中“於”均可用于引进终到处所。“於”引进终到处所的用法承自上古，在《论衡》中有87例，《太平经》30例，佛经中仅5例。

（6）洞泉为得血，破石为破骨，良土深凿之，投瓦石坚木於中为地壮，地内独病之，非一人甚剧。（太平经·卷四十五起土出书诀第六十一·校120页）

（7）夫言吴王杀子胥投之於江，实也；言其恨志驱水为涛者，虚也。（论衡·书虚）

（8）譬如万川似流皆归於海，合为一味，菩萨如是，持若干种行合会功德，持用成愿一味，如萨芸若中。（支

① 张赪（2002:7）将“於+场所”表达的语义分为（1）表示动作发生的场所；（2）表示动作的终结点；（3）表示动作的起点；（4）表示经过的场所；（5）表示存在的场所；（6）表示滞留的场所等几类。

谶译《遗日摩尼宝经》· 12/350/190b）

“於”还可引进经由处所，不过这种用法较少见。《太平经》4 例，佛经 2 例。

（9）二月之时，德欲出其士众於门，刑欲内其士众於门。（太平经 · 卷四十四案书明刑德法第六十 · 校 107 页）

（10）时佛已入彼城，道径而过於市。（支谶译《阿阇世王经》· 15/626/394c）

“於”还可引进存在处所。

（11）於道中无复有树，亦无树想。（支谶译《阿阇世王经》· 8/224/445a）

“於”引进处所一般放在动词之后。

在

从传世文献看，引进发生处所也是介词“在”的常见用法。在《太平经》、《论衡》和东汉佛经三种语料中，“在”都是仅次于“於”，处于第二位。

（1）中悔而止，或为旁人所止，上书便在方道中止，意以其所匿事罪之。（太平经 · 来善集三道文书诀第一百二十七 · 校 329 页）

（2）坐在深室之中，闭窗举烛，故曰长夜。（论衡 · 语增）

（3）一时佛在迦维罗卫国精舍中止。（佛经·630.15.451b）

东汉砖文中“在”引进发生处所共45例,全部用于引进动词“死”的处所。不过《太平经》中引进动词“死”处所的介词主要是“於”(“于”),不是“在”。

《太平经》中,“死”用作动词并由介词引进其处所的共12例,用介词“於”引进11例,用“于”1例。

（4）刑祸者,主伤主杀,故物伤老衰於西,而死於北。（太平经·卷六十五兴衰由人诀第一百一·校231页）

（5）虽去,但悉见欺於邪佞鬼耳,会皆住死於不毛之地,无人之野,以戮其形。（太平经·卷一百十七天咎四人辱道诫第二百八·校656页）

（6）天不欲盖,地不欲载,凶害日起,死于道旁,或穷於牢狱中,戮其父母,祸及妻子,六属乡里皆欲使其死。（太平经·卷六十七六罪十治诀第一百三·校242页）

关于砖文及《太平经》中引进处所的介词“在”的使用情况,详见下编《东汉砖文与〈太平经〉引进处所介词“在”的使用情况》。总之,在《太平经》《论衡》和东汉佛经中,引进处所的“於”超过“在”。但同先秦和西汉时期的文献相比,“在”的用例有了很大提高。而东汉之后,介词“在”引进处所的使用频率不断增多,到元明时期,“在”的用例超过“於”,成为引进动作发生处所使用最多的介词。

从同时代的传世文献看，引进发生处所的介词较常见的还有：从、乎、诸、以。

郭锡良（1997）指出：在先秦典籍中，表示引进处所的意义时，最早普遍用“於”表示，同时“於”在书写上有几种变体，即又作“於”“乎”“诸”。大概春秋晚期“於”开始替代“于”。“乎”字表示引进处所的介词未见于甲骨文和西周金文，战国《包山楚简》也没有，《战国纵横家书》中“乎”字表示引进处所的介词有2例；传世文献中“乎”用得较多，如《诗经》22例，《论语》21例。总之，“乎”“於”用作介词时，看不出在作用上有什么区别，只是数量上“乎”比“於”少得多。而“诸”则是“之於”的合音，它包含了前面动词的代词宾语，是“之於”急读形成的书写形式。“乎”“於”“诸”都应看作文字的书写问题。

《太平经》《论衡》和佛经共有的引进发生处所的介词是：以、於。

以

（1）故人象天为行，以东南种而生之，西南养而长之，中秋已往，夏内居嫁娶而施传类。（太平经・卷一百三十七至一百五十三・校713页）

（2）悬肉以林，则言肉为林。（论衡・语增）

（3）贤者舍利弗问佛言，天中天，以何等数佛所说法，住至百千劫。（支谶译《阿閦佛国经》・11/313/761b）

例（1）“以”引进方位词表方向。例（2）“悬肉以林”相当于“悬肉於林”，“以”在此引进发生处所。例（3）中“以何等数佛所说法”相当于“在多少座佛所中说法”，杨伯峻、何乐士（1992）没有论及“以”

有此用法，王海棻（1991）指出《墨子》中已有“以”引进处所的用例，不过引进的是起始处所，相当于“从”：

（4）敌以东方来。（墨子·迎敌祠）

马贝加（2002）认为，“以”表示所在处，汉代以前罕见，刘春风（2005:11）指出，“以”的这种用法大致兴起于东汉，三国时有沿用，但应用不广，以后逐渐不用。

于

（1）飞龙奔雀，溟鹏异鸟，叩啄奋爪，陈于广庭，天威焕赫，流光八朗，风鼓玄旌，回舞旄盖。（太平经·卷一至十七解承负诀·校8页）

（2）毒或藏于首尾，故螫有毒；或藏于体肤，故食之辄慈；或附於唇吻，故舌鼓为祸。（论衡·言毒）

（3）王惟罪深，必获重殃，叩头于地，愿见矜恕。（昙果、康孟详译《中本起经》·4/196/149a）

“于”引进发生处所在《太平经》中有2例；《论衡》仅有3例，且在同一语句中；佛经中用得还较多（18例），主要见于后期支曜、安玄、竺大力等的译经。东汉前期佛经语言较质朴，后期仿古较多，尤其到竺大力、康孟详时期，大量使用文言词语（刘春风2005:11）。因此，佛经中“于”例较多并不代表介词“于”的发展趋势。而且佛经中的“于”，几乎全部用在动词后，跟用在动词前与用在动词后比例大致相当的“於”差别较大，而跟上古“于”的用法一致。

《论衡》《太平经》共有的是:从、乎。

从

（1）分半自得，以给家口，美酒善肷，恣其所得，於意乃可，不知人当从傍平之。（太平经·不承天书言病当解谪诫第二百二·校622页）

（2）卫之骆乘者，见御者之过，从后呼车，有救危之义，不被其罪。（论衡·幸偶）

“从”引进发生处所的这种用法，是从表示起始处所的用法发展而来的，《左传》中也有用例。这种用法的“从”，“表示原地动作发生之处动作施事与受事之间有一段较长的空间距离，发展到后来，动作的施事与受事在同一地点，暗含有一种方位或角度的意义”（马贝加:2002:33）。

乎

（1）在乎无极，无极之极，极乎太玄，太玄者，太宗极主之所都也。（太平经·卷一至十七·校10页）

（2）若我南游乎罔浪之野，北息乎沉薶之乡，西穷乎杳冥之党，而东贯□憹之先。（论衡·道虚）

《论衡》中的“乎”共16例，均出自所引用的古文，而《太平经》中仅上例中的2例。

《论衡》中独有的引进发生处所的还有:诸。

诸

“诸”引进处所仅见于《论衡》。

曰：古今帝王死，葬诸地中，有以千万数，无欲复出见百姓者，王季何为独然？（论衡·死伪）

《论衡》中这种用法的“诸”也是出自所引用的古文，当时口语中可能早已不用。

表介—7　东汉文献表发生处所介词使用情况一览

	砖文			《太平经》			《论衡》			佛经		
	词项	次数	比例	词项	次数	比例	词项	次数	比例	词项	次数	比例
发生处所介词比较	於	5	10%	於	261	85.7%	於	650	83.5%	於	842	70.9%
	在	45	90%	在	20	8.3%	在	55	7.1%	在	307	25.9%
	—	—	—	从	3	1.8%	从	30	3.9%	于	18	1.5%
	—	—	—	以	3	1.8%	乎	16	2.1%	在	12	1.0%
				于	2	1.2%	以	9	0.9%	以	3	0.3%
				乎	2	1.2%	临	7	0.2%	著	3	0.3%
							于	3	0.4%	当	1	0.1%
							在	3	0.4%	随	1	0.1%
							诸	2	0.3%			
							为	2	0.3%			
合计	2	50	100	6	291	100%	11	777	100%	8	1187	100%

3．终到处所

至

东汉砖文中引进终到处所的介词仅有“至”，1例。

（1）今来至王成冢西作壁。（曹氏宗族墓砖文）

"至"在佛经、《论衡》中都有用例。

（2）且阖庐尝试其至於五湖之侧，皆加刃於肩，血流至地。（论衡·率性）

（3）是人从何来，当复往至何许？（安世高译《一切流摄守因经》· 1/31/ 813b）

在佛经中"至"仅引进终到处所，大部分用在动词后做补语。但是《太平经》中未见到"至"做介词的用例。

佛经中的"至"和"到"常和一些运行动词如"往""来""行"等连用，有些可能是同义连用，但因为其特殊的语法位置，使得意义重心落在前一个动词上，而并不影响句子的意思，这样"至"本身的意义逐渐虚化，成为补充说明前一个动词的介词。这一现象的出现应与这一时期正在进行的复音化有关，复音化的途径之一就是同义连用，在此过程中，有些复合的素材可以一直保持相对独立性，有些素材则逐渐变得动作意义空虚，成为补充说明的成分，而"至"此时正是处在这一变化过程当中。东汉砖文中引进终到处所的介词只有"至"，且用例较少，对于全面反映当时的语法面貌不具有典型性，故不再列表与其他文献比较。

（二）引进处所的介宾短语的词序[①]

总体而言，先秦至东汉前期引进处所的介宾短语一般位于动词

---

① "表示处所的介宾短语的词序"部分，先秦西汉时期有关统计数据及例句一般引自张赪（2002）。东汉《论衡》与佛经材料的有关统计数据及例句参见刘春凤（2005）。东汉砖文、《太平经》的全部数据由笔者统计。

后，只有很少的用例位于动词前。东汉中土文献《论衡》《太平经》及砖文的情况与前一时期基本一致，介宾短语大多位于动词后；而东汉佛经材料中介词的面貌、介宾短语的词序相比先秦西汉时发生了非常大的变化，与东汉时其他中土文献也有很大不同，例如佛经中新兴介词"从"的使用频率急剧上升，已成为常用介词，介宾短语的词序也以位于动词前为主。

当然另一方面，与动词的位置关系也"因词而异"，每个介词使用的习惯不同。就东汉砖文中出现的几个介词来说，"於"在先秦西汉时期以及在东汉中土文献语料《论衡》、砖文、《太平经》中都基本位于动词后；东汉佛经材料中介宾短语的词序较前一时期有很大变化，出现了大量"於＋处所""在＋处所"位于动词前的用例。先秦到东汉"从"基本都位于动词前，只有极少用例位于动词后；"在"在先秦西汉时期以及在东汉中土文献《论衡》、砖文、《太平经》中基本位于动词后；东汉佛经材料中"在＋处所"位于动词前后都很常见。

1. 於＋处所

先秦及西汉时期，据张赪（2002）统计，"於＋处所"位于动词前的用例共20句。[①]《史记》中"於＋处所"有2000多例位于动词后，位于动词前的只有11例。共同点是句中动词带宾语，如：

（1）於桐仁处迁义，三年，以听伊尹之训己。（孟子·万章上）

（2）於会受命也。（穀梁传·僖公十二年）

---

① 包括"十三经"、《庄子》《荀子》《墨子》《韩非子》。

而“於＋处所”位于动词前也大多具有强调的作用。(张赪 2002:31)

到东汉时期，“於”引进的介宾短语的词序在佛经文献和中土语料《论衡》《太平经》及砖文中的情况很不一样。《论衡》中“於＋处所”共650例，位于动词前只有2例;《太平经》中“於＋处所”位于动词前有8例，而位于动词之后的是253例。两种文献中“於＋处所”位于动词前时动词均带宾语。

(3)当於此章中言之。(论衡·是应)

(4)於此有人焉。(论衡·刺孟)

(5)今天有六甲十二子,皇道当於何起?(太平经·卷一百三十七至一百五十三·校664页)

(6)於人心中有恶意，使大邪来欺。(太平经·卷七十一致善除邪令人受道戒文第一百八·校286页)

(7)今欲解此过，常以除日於旷野四达道上四面谢。(太平经·妒道不传处士助化诀第一百五十四·校432页)

(8)唯大神以成就恩意，生见人分人也，而不敢自解，而有骄慢也，请复於闲静之处伸力。(太平经·卷一百十大功益年书出岁月戒第一百七十九·校529页)

(9)吾位职在天，真人位职在地，地者出万物，故天者，於地养之。(太平经·一百二位次传文闭绝即病诀第一百六十六·校426页)

2. 从＋处所

先秦至东汉时期，“从”引进的介宾短语均位于动词前，只是砖文、《论衡》及佛经中分别出现了1例“从+处所”位于动词后的用例。

（1）作坯从此北。（曹氏宗族墓砖文）

（2）飞从东来，没坐佛前。（昙果、康孟详译《中本起经》· 4/196/152b）

（3）人间之水污浊，在野外者清洁，俱为一水，源从天涯，或浊或清，所在之势使之然也。（论衡·率性）

3. 在+处所

先秦西汉时期，东汉中土文献《论衡》《太平经》及砖文语料中，“在+处所”基本位于动词后。但也有少量位于动词前的用例，如《论衡》中出现2例、《太平经》出现11例。

（1）文王在母身之中已受命也。（论衡·初禀）

（2）故在母之身留多十月。（论衡·吉验）

（3）中悔而止，或为旁人所止，上书便在方道中止，意以其所匿事罪之。（太平经·己部来善集三道文书诀第一百二十七·校329页）

（4）此在自然之中相检，何有脱时乎？（太平经·庚部大圣上章诀第一百八十·校544页）

（5）此气皆在天斗前日进，欲见助兴，故动之。其余气者，皆在天斗后，天气所背去，气日衰，故不宜兴动。（太平经·庚部某诀第二百四·校631页）

（6）天常谶格法，以南方固为君也。故日在南方为君也，火在南方为君，太阳在南方为君；四时：盛夏在南方为君；五祀：竈在南方为君；五藏：心在南方为君。（太平经·天讖支干相配法第一百五·校272页）

（7）教日敕诸神言，天君欲不惜诸神，且未忍相中伤，教谪於中和地上，在京洛十年，卖药治病，不得多受病者钱。（太平经·庚部有功天君敕进诀第一百九十八·校611页）

而东汉佛经语料所反映的“在＋处所”的情况与其他中土文献很不一样，“在＋处所”位于动词前后都很常见。位于动词前的如：

（8）第九两法，可识人本何因缘在世间得苦。（安世高译《长阿含经十报法经》· 1/13/233a）

位于动词后的如：

（9）惊喜交集，下在道侧。（昙果、康孟详译《中本起经》· 4/196/147a）

（10）二十一、五百白象子自然罗在殿前。（竺大力、康孟详译《修行本起经》· 3/184/464a）

二、引进时间的介词

（一）引进时间介词比较

东汉砖文引进时间的介词有“从、以、即、方”4个。

从₂

“从”表示动作行为开始的时间，全部位于动词前做状语。

（1）从今以长保孙子，寿如金石，终無凶。（户县曹氏镇墓陶文）

当时一篇木质镇墓文中还有一个用法相同的介词“自”。如：

（2）自今以后，不得干［扰］主人。（钟仲游妻木质镇墓文）

以₁

“以、即、方”表示动作发生的时间。东汉砖文中“以”引进宾语，表示动作行为发生的时间，共3例：“以建初四年终”“以五月十二日作”“有佞人以时盟不”，“以”字介宾短语位于动词前做状语。

在《论衡》中表示动作行为发生时间的介词使用最多的是“当”，“以”占第2位。《太平经》中使用最多的是“以”。

介词“以”有时与其他名词组合构成相对固定的形式，如砖文中的“以时”，是“按时”的意思，在当时的文献中频繁出现，《太平经》中介宾短语“以时”有22例。

“以”引进时间时一般放在动词前，东汉砖文中的3例全都放在动词前。《论衡》《太平经》佛经中“以”字介宾短语一般也放在动词前做状语。

(1)跋蛇和与八菩萨与诸宗亲,以饭时俱往至诣佛前,以头面著佛足。(支谶译《般舟三昧经》· 13/418/914c)

(2)才智之人,以吉盛时举事而福至,人谓才智明审,凶衰祸来,谓愚暗。(论衡·命禄)

(3)故随天为法,常以月十五日而小上对,一月而中上对,一岁而大对。(太平经·六极六竟孝顺忠诀第一百五十一·校408页)

(4)常以月尽朔旦,见对於天主正理阴阳、是尊卑之神吏,魂魄为之愁,至灭乃已。(太平经·卷九十六六极六竟孝顺忠诀第一百五十一·校406页)

《太平经》中"以"引进时间31例,其中有28例"以"字介宾短语位于动词前做状语。

而有时"以"引进时间也放在动词后,用例较少。《太平经》中有3例:

(5)夫人神乃生内,返游於外,游不以时,还为身害,即能追之以还,自治不败也。(太平经·卷一十八至三十四以乐却灾法·校13页)

(6)父当主教化以时节,母主随父所为养之,子者生受命於父,见养食於母,为子乃当敬事其父而爱其母。(太平经·卷四十五起土出书诀第六十一·校113页)

(7)其称天心云何?行之得应,其民吏日善且信忠,是其效也;则迁之以时,是助国得天心之人也。(太平经·三合相通诀第六十五·校149页)

有时表时间的介宾短语单独做谓语。《史记》中有这样的用法[①]：

（8）来则风萧然，居世帷中。时昼言，然常以夜。（史记·封禅书）

意谓"常以夜言"，"言"承上省略。

东汉其他文献只《太平经》中有1例表时间的"以"字介宾短语单独做谓语的用法：

（9）万物悉得长老终，各以时也，是即正言、正文、正辞之为天地根，而国家宝器，父母民万物之命，大明效也。（太平经·卷九十一拘校三古文法第一百三十二·校358页）

意谓"以时终"，"终"承上省略。

方

东汉砖文中"方"做介词共1例：

（1）后死妇加亡，方年二十四。（建和元年加氏镇墓文）

何乐士（1985:171）指出，"方"是汉代新兴的表时间的介词。《论衡》《太平经》也有"方"引进时间的用法，不过都是以"方今"格式出现的。"方今"连用，《论衡》中24例，《太平经》中1例。佛经中未见"方"引进时间的用法。

① 例引自杨伯峻、何乐士（1992:387）。

（2）方今圣世，尧、舜之主，流布道化，仁圣之物，何为不生？（论衡·讲瑞）

（3）方今为真人具说，分别道其要意，安坐共记。（太平经·卷七十二斋戒思神救死诀第一百九·校518页）

即

东汉砖文中“即”引进宾语，表示动作行为发生的时间，共1例：

（1）贾钱二万，即日钱毕。（刘元台买地砖券）

“即”引进时间的用法《论衡》《太平经》及佛经中都有。不过只有佛经中也有1例“即”与“日”搭配的用例：

（2）女即七日自出求处国中勇武技术最胜者。（昙果、康孟详译《中本起经》·4/196/154b）

《论衡》、《太平经》及佛经中其他“即”均出现在“即时”的搭配中。

（3）中人微者即为膝，病者不即时死。（论衡·订鬼）

（4）谓临发所知也，如人君坐有所疑，而欲使善者大兴，恶者立衰也，盗贼起，使即时得也，其为政当奈何乎？（太平经·卷三十五兴善止恶法第四十三·校39页）

（5）其菩萨从下上者悉作礼，各各自以佛名，谢释迦文佛，怛萨阿竭即时各令就坐，悉皆受教，各各而坐。（支谶译《阿阇世王经》·15/626/393c）

胡敕瑞（2002）把“即时”“应时”当作副词。刘春凤（2005：90）指出“即时”“应时”与“方今”“当今”一样，仍可以看作介宾结构。“即时”的搭配,《论衡》中 2 例,《太平经》中 6 例，而佛经中较多见,50 例。佛经中“即”引进时间的用例大大多于《论衡》,主要是因为佛经用较为固定的格式“即时”,而且,从意义上看来,“即时”已逐渐虚化,带有时间副词的意味,类同于《论衡》中的“方今”。

（二）引进时间介词小结

砖文中出现的 4 个时间介词“从、以、方、即”中，“以”“从”在《论衡》、《太平经》和佛经中都属常见的时间介词。

但是其他几部文献共同使用较多的“於”，东汉砖文中未见。“於”作为介词，引进发生时间由来已久。尤其在佛经中“於”引进发生时间的用例达到 129 次，这与佛经的内容有关，又因为常以惯用格式“於时”“於是”放在句子开头，用来引起话题。

介词“方”是汉代新兴的表时间的介词。除砖文外,《太平经》有 1 例,《论衡》中有 24 例。佛经中未见“方”的这一用法。

另外《太平经》中使用较多的“自”，其他文献中未见。

介词“在”引进时间的用法在《论衡》中有 11 例，在佛经中有 6 例,《太平经》中未见。

《论衡》中用得最多的是:当、以、於、方、在;而佛经中用得最频繁的是:於、应、即、从、当，另外“以、在、随”等也较多。

佛经当中第一次出现了复音介词“自从”，在后世中逐渐使用开来，至今保留在现代汉语中。同时，佛经中有大量惯用结构的用法，使其语言显得浅易，表达更趋完整。

通过考察几种材料可以发现，这些介词在表示时间时，大部分没有省略宾语或介宾倒装现象，仅《论衡》中有 1 例宾语省略：

（1）假令血忌、月杀之日固凶，以杀牲设祭，必有患祸。（论衡·讥日）

“以杀牲设祭”，即在血忌、月杀之日杀牲设祭，宾语承前省略。

从量上来看，《论衡》较多使用介词“於”和“自”“及”，佛经中较多用“从”和“於”，“从”引进起始时间代表了当时时间介词发展的方向。

表介—8 东汉文献表时间介词使用情况一览

	砖文			《太平经》			《论衡》			佛经		
	词项	次数	比例	词项	次数	比例	词项	次数	比例	词项	次数	比例
时间介词比较	以	3	42.8%	以	31	31.3%	当	102	39.4%	於	129	36.4%
	从	2	28.6%	从	28	28.3%	以	57	22.0%	应	64	18.1%
	即	1	14.3%	自	20	20.2%	於	42	16.2%	即	50	14.1%
	方	1	14.3%	於	13	13.1%	方	24	9.3%	从	34	9.6%
				于	5	5.1%	在	11	4.2%	则	24	6.8%
				乎	1	1.0%	临	5	1.9%	当	11	3.1%
				方	1	1.0%	应	4	1.5%	却后	9	2.5%
							用	4	1.5%	以	8	2.3%
							随	3	1.2%	在	6	1.7%
							即	2	0.8%	随	6	1.7%
							居	2	0.8%	后	5	1.4%
							从	2	0.8%	至	4	1.1%
							及			到	1	0.3%
										用	1	0.3%
										却	1	0.3%
										临	1	100%
合计	4	7	100%	7	99	100%	13	258	100%	16	354	100%

三、引进工具、材料或凭借、依据等的介词

（一）引进工具、材料或凭借、依据等的介词比较

东汉砖文中引进工具、材料或凭借、依据等的介词共有两个：以、持。

以 $_2$

在先秦西汉时期，“以”就是引进工具的主要介词，到东汉时，“以”在此类介词中仍占主导地位。东汉文献《论衡》《太平经》及佛经中“以”都是使用最多的引进工具、材料等的介词：

（1）天帝释即下，以手指地，自然成池。（昙果、康孟详译《中本起经》· 4/196/151a）

（2）譬如四姓家女，沐浴涂香，衣庄严事，而人复欲利益之，安隐不怖，以好华香珍宝，结为步摇，持与是女，岂不爱乐，头首受耶？（昙果、康孟详译《中本起经》· 4/196/159a）

（3）子欲乐报天重功，得天心者，疾以吾书报之。如以奇伪珍物累积之上柱天，天不为其说喜也，不得天之至心也。（太平经 · 道无价却夷狄法第六十二 · 校 128 页）

（4）古者圣贤深知之，故以自表，殊天道之要也，内以治身，外以消灾。（太平经 · 卷五十二胞胎阴阳规矩正行消恶图 · 校 193 页）

“以”字介词短语中，“以”的宾语有时前置到“以”之前。东

汉砖文中引进工具、材料或凭借、依据等的“以”共 8 例。6 例介词“以”的宾语放在介词后边。

还有 2 例“以”的宾语前置到介词之前的情况。

（5）黄帝与河南□氏□□中华里许苏阿铜□刑宪女会合，神药<u>以</u>镇□冢宅□□，七神定冢阴阳。（元嘉二年陶瓶朱书镇墓文）

（6）游光、地柱、南组、北斗、三稆、七星主别解，张氏后死者句（拘）伍重复，敀持铅人、人参、雄黄解，佳、襄草别，羁<u>以</u>代生人之名。（南李王村张氏镇墓文）

从《太平经》看，“以”引进动作行为的工具、材料或凭借、方式、根据等共 506 例，共有 18 例介词宾语前置，前置的介词宾语基本是表示道德、礼仪、习俗、制度等的抽象名词。

（7）夫德<u>以</u>教人，比若临大水而饮之也，少人往学德，亦不伤其本。（太平经 · 卷六十七六罪十治诀第一百三 · 校 241 页）

（8）吾书虽多，自有大分，书<u>以</u>类相聚从，字[①]<u>以</u>相明，则毕得其要意。（太平经 · 七十二卷七十二斋戒思神救死诀第一百九 · 校 292 页）

《马氏文通 · 介字篇》中就指出“以”的宾语有前置的现象（马

① 杨寄林（2002）第 678 页按：字，指各种术语。全句意思是：按照类别对书文依次聚合排列，各种术语是用来转相发明，其中的切要意旨就全部获得到了。

建忠 1983:338),后胡力文(1958)分析了“以”倒置的常见情况:在否定句中;疑问代词做宾语时;为了强调宾语时;代词“是”做宾语时。《左传》中“以”的宾语就有大量前置的情况。张家文(2001)又穷尽调查《论语》《孟子》《左传》三种语料,发现表示道德、礼仪、习俗、制度等的抽象名词以及一些表示事物的一般名词做介词“以”的宾语时,往往移位到“以”前面。这种“以”的宾语“前置”或者叫“移位”在先秦文献(如《论语》《孟子》《左传》)中有不少用例,特别《左传》中很常见。

(9)君子义以为质,礼以行之,孙以出之,信以成之。(论语·卫灵公)

(10)礼以行义,信以守礼,刑以正邪。(左传·僖公二十八年)

(11)天子省风以作乐,器以钟之,与以行之。(左传·昭公二十一年)

(12)曾子曰:“不可,江汉以浊之,秋阳以暴之,皜皜乎不可尚已。”(孟子·滕文公章句上)

正如张家文(2001)指出的,从语义关系看,各类名词性成分的移位绝大多数表示动作行为的凭借;从结构上看,名词性成分移位以后,介词“以”或整个介词结构很少受副词、连词或助动词的修饰。

关于“以”宾语前置的语用价值,以往学者也多有探讨。如麦梅翘(1983)指出,“以”所支配的名词性成分前移是为了对该成分进行强调。东汉砖文中“神药以镇□冢宅□□”“羁以代生人之名”正是为了对镇墓材料加以强调。

同时，张家文（2001）指出，支配成分的前移，多出现在口语化程度较高的作品中。

持 $_1$

东汉砖文中“持”引进工具、材料等共4例：

（1）弦持铅人、人参、雄黄解。（南李王村张氏镇墓文）

（2）上党人参九枚欲持代生人，铅人持代死人，黄豆瓜子，死人持给地下赋。（张叔敬瓦缶镇墓文）

“持”用作动词时，一个常见的意思是“拿着，握住”[①]。《论衡》的“持”大都为此义：

（3）广文伯河东蒲阪人也，其生亦以夜半时，适生，有人从门呼其父名。父出应之，不见人，有一木杖植其门侧，好善异於众，其父持杖入门以示人，人古曰：“吉”。（论衡·言验）

例（1）中“持”虽然是用在连动结构“持杖入门”中，“杖”是工具类名词，但在文中没有“用杖来做成某事”的意义，“持”只能用作“把持”的意思。

佛经中“持”有所发展，如：

（4）当持身得佛，当持智慧得佛。复作是念：亦不用身得佛、亦不用智慧得佛。（支谶译《般舟三昧经》·13/418/908a）

① 见《汉语大字典》，第783页。

（5）萨陀波伦菩萨及五百女人，闻是大欢欣踊跃无极，俱往至般若波罗蜜台所，持杂华杂香散般若波罗蜜上，持金镂织成杂衣。（支谶译《道行般若经》· 8/224/473b）

例（2）“持身”与“用身”对举，意义一样，表示的是“得佛”所凭借的工具。当“持”的宾语范围扩大，可接抽象名词时，“持”的动词义就进一步虚化：

（6）佛持威神吹海水，悉令枯竭。（支谶译《内藏百宝经》· 17/807/752b）

（7）即时珍宝散佛上，其心即念，持是功德令十方人民皆安隐。（支谶译《般舟三昧经》· 13/418/918a）

宾语为抽象名词时，可看作凭借。这种用法与佛经中凭据类介词“以”“用”“从”相同。朱冠明（2002）认为东汉佛经中的“持”为介词，且据刘春凤（2005:41）调查，佛经中“持”的语义虚化，宾语的搭配范围扩大，并用在与成熟介词“以”“用”同样的格式和语用环境中，所以可以认为东汉佛经中的“持”已有介词用法。此外，“持”有时与其他引进工具、材料等的介词连用，如“持用”连用以加强语气，也说明“持”做介词，用法与“用”相近。

（8）当取五百牛乳，辗转相饮至于一牛，一牛湩持用作糜。（竺大力、康孟详译《修行本起经》· 3/184/470a）

（9）是时萨陀波伦菩萨，及五百女人，各自取刀，处处刺身出血，持用洒地，用慈孝于经法故。（支谶译《道

行般若经》· 8/224/474c）

“持用”由介词“持”和“用”同义连用而来，佛经中的介词，同类的常常连用，构成双音节介词。“持用”的使用一方面证实了“持”已用作此类介词，同时还对这种介词功能起到了强化和稳固作用。

表介—9 先秦到东汉引进工具介词的使用情况

	先秦	《史记》	《论衡》	《太平经》	砖文	佛经
以	717[①]	1639	713	506	8	51
用	33	40	27	10	—	6
持	—	—	3	—	2	20
由	10	—	—	—	—	—

（二）引进工具的介词短语的词序

1. 以＋工具

东汉砖文中“以”引进工具介词短语大多位于动词之前，只有一句“以”字介宾短语位于动词之后。

（1）大阳之精，随日为德，利以丹沙，百福得。（户县曹氏镇墓陶文）

《太平经》中“以”字介宾短语引进工具、材料和凭借、依据等共 506 例。“以”字介宾短语大多数位于动词之前，位于动词之后共 16 例。

① 先秦、《史记》数据引自张赪（2002:29）统计。

（2）天符还精以丹书，书以入腹，当见腹中之文大吉，百邪去矣。（太平经·卷八十七长存符图第一百二十八·校330页）

（3）是恩难报，报之不以珍奇，但写心归诚，自实有信，不负所言，是为有报，为报为，知不乎？（太平经·卷一百十大功益年书出岁月戒第一百七十九·校529页）

例（2）中介宾短语“以丹书”位于动词“还精”之后；例（3）中介宾短语“以珍奇”位于动词“报”之后。

《太平经》中“以＋工具”位于动词后时，句中补语大多数是单音节名词或代词。与“以＋工具”位于动词后相比，“以”字介宾短语位于动词前时，谓语情况比较复杂，一般来说，动词所带的宾语比较长且结构复杂，所以自先秦时期开始，“以＋工具”一般位于动词前，位于动词后的用例少见。

此外，介词“以”引进工具等时，宾语也常省略。

（4）或有愚人，反好刑，宜常观视此书，以解迷惑。（太平经·卷四十四案书明刑德法第六十·校107页）

（5）夫有至道、明德、仁善之心，乃上与天星历相应，神灵以明其行，故古者圣贤，常思为善无极，力尽乃以不敢有恶，念凶路也。（太平经·卷四十九急学真法第六十六·校166页）

《太平经》中“以”引进工具等，宾语省略共139例，其中用于介词“以”与助动词“可”构成的复合虚词“可以”中97例，其他46例中介词宾语都承前省略。

（6）故与至道，可以救之者也。（太平经·卷一十八至三十四解承负诀·校23页）

（7）夫要道秘德，乃所以承天心而顺地意，可以长安国家，使帝王乐者也，而反禁绝，不以力化人，有谪於天，罪不除也。（太平经·卷九十七妒道不传处士助化诀第一百五十四·校433页）

例（6）中，“以”的宾语“至道”承前省略。例（7）中三个“以”的宾语都是“要道秘德”，意谓“以要道秘德……承天心而顺地意”“以要道秘德……长安国家”“以要道秘德……力化人”，句中“以”的宾语均承前省略。按，“以力化人”指以要道秘德大力化导世人，“力”做“化”的状语。

《论衡》中“以＋工具”位于中心成分前后均可。位于中心成分，动词多为光杆单音动词，非单音结构只有11例，而“以＋工具”位于动词前时非单音结构则有69例，“以＋工具”位于中心成分后时非单音结构的使用明显少于“以＋工具”位于动词前，带宾语的情况较“以＋工具”位于动词前时少见。

2. 持＋工具

东汉砖文中“持”引进工具，介词短语全都位于动词之前。《太平经》中未见“持”引进工具的用法，东汉佛经中有20例，也全部用于动词之前。另外，佛经中“持”有时与其他引进工具、材料等的介词连用，如“持用”连用以加强语气，也是用于动词之前。

表介—10 东汉文献工具介宾短语的词序

	砖文				《太平经》				《论衡》				佛经			
	以	用	持	总数	以	用	持	总数	以	用	持	总数	以	用	持	总数
动词前	7	0	3	10	490	10	0	500	560	27	3	590	51	6	20	77
动词后	1	0	0	1	16	0	0	16	153	0	0	153	0	0	0	0

四、引进对象的介词

（一）引进对象介词比较

东汉砖文中引进对象的介词共 6 个：于、以、持、为、从、与。

1. 引进受事对象

东汉砖文中引进受事对象的介词有 3 个：于、以、持。

于

《太平经》、《论衡》和佛经中，“于”都可引进受事对象。

《太平经》中“于”引进对象共 10 例[①]，其中引进受事对象 3 例。

（1）天道无亲，归于人；地德无私，付于谨民；人交无

① 《太平经》中“于”除引进受事对象，引进其他对象共 7 例。如下：

（1）天道无亲，归于人；地德无私，付于谨民；人交无有先后，但爱于有实信。（效言不效行致灾诀第一百四十一 · 校 401 页）

（2）帝王仁明生于水火，武智生于金水，柔和生土。（甲部卷一至十七阙题 · 校 25 页）

（3）天威一发，不可禁也，获罪于天，令人夭死。（卷一十八至三十四解承负诀 · 校 24 页）

（4）习善言，不若习行于身也。（卷一十八至三十四解承负诀 · 校 23 页）

有先后，但爱于有实信。（太平经·效言不效行致灾诀第一百四十一·校401页）

《太平经》中“於”也可引进受事对象，共21例。其中句中动词为“告”“嘱”等表示与言语有关的行为的共9例。

（2）天下有乐善欲称天心者，独有真人耳，故吾以辞情告於真人也。（太平经·卷九十一拘校三古文法第一百三十二·校348页）

（3）可毋增书为文，今天辞已通嘱於真人。（太平经·卷三十七五事解承负法第四十八·校59页）

（4）是故古圣贤之学，旦夕问於师，不敢懈也，故遂得知天之道也。（太平经·卷九十三国不可胜数诀第一百三十九·校390页）

《论衡》及佛经中也有不少“於”位于动词和直接宾语之间引进对象的用例。

（5）守善师不离，若饮食资用衣被床卧，千万珍宝以用上师，供养於师，无所爱惜。（支谶译《般舟三昧经》·13/418/918c）

（6）德不能感天，诚不能动变，君子笃信审己也，安能遏累害於人？（论衡·累害）

佛经中这类用法比较多，这除了佛经文体要求音节整齐的原因外，“还有其内在的原因”。吴国忠（1989）认为，汉语的语句内部存在结构和语义两重关系。同一种结构关系往往可以表达不同的语义关系，而同一种语义关系也可采用不同的结构关系来表达。因此，支配关系既可用动宾结构来表达，如“决胜负”，也可以用“动—‘于’”结构来表达，如“决于胜负”。这是因为，语义的表达，不仅依靠虚词，而且可以借助于语境构成固定语义的语言环境。

梁晓虹（1986）认为:“‘於’字这样用，似乎是上无来者（上古汉语没有这种用法），下无传承（现代汉语也没有继承下来），只是在有译经的中古时期存在了一段时间。”实际上,如前文所示例句，早在先秦文献中已有这种用法。

除了“於”“于”，“于”的另外几个变体“乎”“诸”也用于引进对象。

（7）攻乎异端，斯害也已。（论语 · 为政）

《淮南子》中的用例：

（8）景阳淫酒，被发而御於妇人，威服诸侯。（淮南子 · 泛论训）①

贾则复（1985）探讨了“於（于）”用在外动词（及物动词）和受事宾语之间的问题，并结合大量用例得出结论:这是种常见的

① 例句出自马静恒（2002）。

语言现象，不仅先秦有，汉唐及以后均有。因此，说及物动词后用"於/于"引进受事的用法只出现在佛经中是不可靠的。

以$_3$

东汉砖文中介词"以"引进动作行为涉及的对象时，两例均用于"何以为信"一句。不过另外一篇买地铅券里还有1例：

（1）田东、西、南、北以大石为界。（孙成买地铅券）

《论衡》《太平经》及东汉佛经中，此类引进对象的用法也是"以"的常见用法。

（2）男思男，女思女，皆以一尺为法，随四时转移。（太平经·卷一十八至三十四以乐却灾法·校13页）

（3）坐禅念息已止便观，观止复行息，人行道当以是为常法也。（安世高译《禅行法想经》，15/602/169c）

（4）程为儿，以种树为戏；孔子能行，以坦豆为弄。（论衡·本性）

《太平经》中，"以"引进对象时，句中动词也往往是"为"。经统计，"以"用于"以……为"句式中，共212例。其中"以"的宾语省略共59例。

（5）愿天师示其门户，所当先后，令使德君得之，以为严教也；敕众贤，令使各得生校善意於其中也。（太平经·卷四十一件古文名书诀第五十五·校83页）

（6）使德君与贤者俱思惟之，使可万万世传，后生者歌诵以为常法，而不复忘也。（太平经·冤流灾求奇方诀第一百三十一·校244页）

以上两例中，“以”的宾语省略，实际是“以之为严教”“以之为常法”。

此外，东汉砖文中“以”引进受事对象的两例，均由疑问代词“何”充当介词“以”的宾语：

（7）何以为信？尺六桃券为□。（刘公则买地砖券）

（8）何以为信，神药厌填，封黄神越章之印。（户县曹氏镇墓陶文）

例（7）（8）中，宾语“何”都放在介词“以”之前，词序与今天不同。《马氏文通·代字篇》说：“‘何’字单用于宾次者，为止词则先于动字，为司词则先于介字，不先者鲜矣。”又《介字篇》云：“‘以’司‘何’、‘是’两代字，倒置为常。”（吕叔湘、王海棻1986:141、443）此外，何乐士（1989）考察过《左传》中的“何以”，发现“‘何’作为疑问代词，和‘以’连用时总位于‘以’前”。鲁国尧（1992）则就战国中期口语性较强的文献《孟子》做过分析，结论是：“代词‘何’做宾语时必须放在介词‘以’的前面”。看来在先秦时期，这一规则的确极少例外。而到了两汉，汉语的这种词序有所变化，有学者注意到“疑问代词不前置的现象在先秦已有萌芽，到汉以后就明显起来”（杨伯峻、何乐士1992:791）。孙良明（1989）通过分析汉代注疏材料（如郑玄《诗经笺》）中原文与释文的语法差异，指出“前置宾语句式到两汉基本消失”。

东汉砖文中的两例由疑问代词“何”充当介词“以”的宾语，都前置到介词“以”之前，但用例太少，不足以说明当时的语法面貌，为此笔者全面调查了《太平经》中疑问代词“何”做介词“以”宾语的情况，以期更全面真实揭示当时宾语前置现象的发展。

经统计，《太平经》中疑问代词“何”做介词“以”的宾语共114例，其中“何以”结构（即“何”位于“以”之前）43例[①]，“以何”结构（即“何”位于“以”之后）71例。对比分析《太平经》中“何以”与“以何”两种结构的用法发现，“何以”共有两种用法：

第一，介词“以”做“用”解，“何以”在句中做状语，询问方式、凭借或依据等，表示“用什么”“依据什么”，有时有“怎么”“如何”之意。（简称“何以$_{(1)}$”）；

第二，介词“以”做“因”解，“何以”在句中可做状语，可做谓语，询问原因，可译作“为什么”。（简称“何以$_{(2)}$”）

“以何”的情况有所不同，“以何”只具有相当于“何以$_{(1)}$”的一种用法，即只能询问方式、凭借、依据，而不能询问原因。

通过对比可以发现《太平经》中疑问代词“何”做介词“以”宾语的几个特点：

第一，书中“何以为……”只有2例，而“以何为……”则达21例，可见《太平经》中“为”做动词时更习惯采用“以何”提问。“何”做介词“以”的宾语后再与动词“为”搭配，主要表达“何以$_{(1)}$”的意义，“何以为……”句式中未见“何以$_{(2)}$”的用法，又经统计知，从形式上看，书中以采用“以何为……”结构见常。

第二，麦梅翘（1983）考察过《左传》中介词“以”的前置宾

① 类似“夫天地不深知绝洞之道，以何为神乎？以何为寿乎？”这样的例句，文中为一句的，统计中算作两处，其他统计数字同此。

语，发现"'以'及其前置宾语所构成的介宾结构不受副词修饰"，《太平经》中"何以(2)"结构未见受副词修饰的用法，而"何以(1)"可以受副词修饰。如：

（9）今为行善，实大难也，子慎之，子不力通吾文，以解天地之大病，使帝王游而无忧无事，天下莫不欢喜，下及草木，子未能应上善之人也，财名为保全子身之人耳，又何以置天地乎？（太平经·卷四十七上善臣子弟子为君父师得仙方诀第六十三·校136页）

不过，"何以(1)"受副词修饰仅此1例。"以何"受副词修饰则更为常见，共10例。有意思的是，10例中除了一处"以何"前有两个副词[①]，其他9例中，修饰"以何"的副词均为"当"。

为了便于考察，兹将"以何"受副词修饰的所有用例摘录如下：

（10）今为道，当以何为大戒，而得长成乎？学问当以何为大戒，而得到大官乎？治生聚财，当以何为大戒，而得致富乎？（太平经·卷九十八神司人守本阴祐诀第一百五十六·校439页）

（11）今不知当以何来，致此奇方殊策善字，乃悉得之。（太平经·卷八十八作来善宅法第一百二十九·校332页）

（12）令帝王垂拱而无可治，上善之人满其朝，忠信孝子皆毕备，当以何致之乎？（太平经·卷四十九急学真法第六十六·校157页）

---

① 今不自知当皆以何能聚此诸绝洞虚靖反光能见邪者，怪之，今故相与俱来，共问之也。（卷七十二斋戒思神救死诀第一百九·校292页）

(13) 此何故乎哉？今当以何救之？（太平经·卷五十三分别四治法第七十九·校198页）

(14) 今良和气且俱至人但当游，而无职事，当以何明其心而正其意，常使其忽然忘为邪恶，而日好为善，不知置？（太平经·卷四十九急学真法第六十六·校157页）

(15) 不知可先后，当以何能正得此书实哉？（太平经·卷五十一校文邪正法第七十八·校187页）

(16) 今人求道德及凡人行，当以何为急务哉？（太平经·忍辱象天地至诚与神相应大戒第一百五十三·校425页）

(17) 今不自知当皆以何能聚此诸绝洞虚靖反光能见邪者，怪之，今故相与俱来，共问之也。（太平经·卷七十二斋戒思神救死诀第一百九·校292页）

"何以"与副词"当"在句中同做状语共3例：

(18) 何以当学以真道哉？（太平经·卷四十九急学真法第六十六·校157页）

(19) 真人之言，吾复无以加之也，真真是也，何以当学之以仁道也？（太平经·卷四十九急学真法第六十六·校157页）

"当"全部位于"何以"后，与"以何"句中的副词"当"全部位于"以何"前修饰"以何"形成鲜明的对比。看来麦梅翘（1983）总结的《左传》"'以'及其前置宾语所构成的介宾结构不受副词修饰"的规律在《太平经》中仍未有大的改变。

第三，虽然数量上"何以$_{(2)}$"少于"何以$_{(1)}$"，但"何以$_{(2)}$"结构可灵活与其他语法成分搭配[1]，基本成为一个固定格式。王力（2002:358）曾指出："何以"这个结构一直流传到后来的书面语言中成为一个凝固的形式。

到了东汉中后期的口语文献中,通过《太平经》中"何以""以何"用法的比较可以看到，疑问代词做宾语前置的规律已发生了很大变化:一方面出现前置和后置并存的局面，这同时也更正了有的学者根据传统材料做出的"前置宾语句式到两汉基本消失"（孙良明 1989）的结论;另一方面就同一介宾结构而言，宾语前置与后置用法并不完全相同，有的后置用法形成固定形式一直流传到后代，所以在代词宾语后置真正完成之后，书面语中仍可见"何以"这样前置的用法。

《论衡》及佛经中，"以"都是最常用的引进受事对象的介词，佛经中"以"281 例,《论衡》中 135 例。

（20）坐禅念息已止便观，观止复行息，人行道当以是为常法也。（安世高译《大安般守意经》· 15/602/169c）

（21）各以金银珍宝衣被花香，敬心奉贡称吉。（竺大力、康孟详译《修行本起经》· 3/184/463c）

（22）稷为儿，以种树为戏；孔子能行，以俎豆为弄。（论衡 · 本性）

（23）若此者，谓本无命於天，修己行善，善行闻天，天乃授以帝王之名也，故雀与鱼乌，天使为王之命也。（论衡 · 初禀）

持$_2$

"持"做介词引进受事对象的用法除了东汉砖文外，只见于东

---

① 参见附录《试说〈太平经〉中的"何以"与"以何"》。

汉佛经，《太平经》《论衡》中都未见这种用法。佛经中“持”引进受事对象共 72 例。

（1）我曹持师当佛无有异。（支谶译《道行般若经》· 8/224/476a）

（2）如是阿难，汝恭敬於是中，悉为供养诸佛已，持是累汝。（支谶译《道行般若经》· 8/224/477c）

“持”在东汉砖文中的用法与“以”十分相似，可以做引进工具、材料或方式、凭据等的介词，还可以做引进受事的介词，与东汉佛经中的用法相同。

表介—11　东汉所调查文献使用引进受事对象介词一览

	砖文			《太平经》			《论衡》			佛经		
	词项	次数	比例	词项	次数	比例	词项	次数	比例	词项	次数	比例
受事对象介词比较	於	1	25%	於	21	5.0%	以	135	66.2%	以	281	65.3%
	以	2	50%	于	3	0.7%	於	65	31.9%	持	72	16.7%
	持	1	25%	以	392	93.9%	用	2	1.0%	於	58	13.5%
				用	5	0.3%	乎	2	1.0%	持用	7	1.6%
				乎	1	0.1%				用	5	1.2%
										以用	5	1.2%
										向於	2	0.5%
合计	3	4	100%	5	422	100%	4	204	100%	7	430	100%

2. 引进受益对象

为 $_1$

“为”是东汉砖文中仅有的引进受益对象的介词，共 15 例。如

"为杨氏之家镇，安隐冢墓"，"为死者解适，为生人解罪过"，"为曹侯作壁"等。

《太平经》及佛经中，"为"是唯一引进受益对象的介词。《太平经》中共309例，佛经中351例。

（1）真人自精，为子具言之。（太平经·卷三十五分别贫富法第四十一·校29页）

（2）佛语舍利弗：听说阿閦如来无所著等正觉剎之净快，谛听善思念之，今当为汝说之。（支谶译《阿閦佛国经》·11/313/755c）

《论衡》"为"介引受益对象78例。

（3）因类以及，荆柯〔刺〕秦王，白虹贯日；卫先生为秦画长平之计，太白食昴，复妄言也。（论衡·变动）

"为"在《太平经》及佛经中，常见用于"为……说（法）/言"的格式中（如例（1）（2）），这跟讲经的内容有关。

表介—12　东汉所调查文献引进受益对象介词的使用情况一览

	砖文			《太平经》			《论衡》			佛经		
受益对象介词	词项	次数	比例	词项	次数	比例	词项	次数	比例	词项	次数	比例
	为	15	100%	为	309	100%	为	78	92.9%	为	351	100%
							於	5	6.0			
							与	1	1.2			
合计	1	15	100%	1	309	100%	3	84	100%	1	351	100%

3. 引进来源对象

从$_3$

东汉砖文中“从”引进来源对象仅1例:“从同县刘文平妻□□代弟里冢地一处”。不过其他铅质、玉质的买地券及镇墓文中，用于引进来源对象的“从”还有7例。

（1）河内怀男子王未卿，从河南河南街邮部男子袁叔威买睾门亭部什三百西袁田三亩。（王未卿买地铅券）

（2）左骏厩官大奴孙成，从雒阳男子张伯始卖所名有广德亭部罗陌田一町。（孙成买地铅券）

“从”引进对象的用法,《史记》中已有用例。如:

（3）长卿第俱如临，从昆弟假货，犹足为生，何至自苦如此！（史记·司马相如列传）

杨伯峻、何乐士（1992:405）将其归为引进对象中的“‘向’谁或‘对’谁”一类，可表“向”意。

东汉的另外几种文献中,“从”引进来源对象的用法只见于佛经。

（4）已从师受几微四句之硕，以讽诵之，若已在布施戒忍辱精进思惟智慧，而以彼供养师者，如其所修，四句颂之字数，为劫之数。（安玄译《法镜经》· 12/322/121c）

《太平经》《论衡》中都用“於 / 于”引进来源对象。

《太平经》中“於”引进来源对象41例,“于”引进来源对象3例。

（5）帝王仁明生于水火，武智生于金水，柔和生土。（太平经·甲部卷一至十七阙题·校25页）

（6）天威一发，不可禁也，获罪于天，令人夭死。（太平经·卷一至十七解承负诀·校24页）

（7）今天地神信此家，故天地神统来寄生於此人，人反害之，天大咎之，而人不相禁止，故天使吾出此书以示后世也。（太平经·丙部分别贫富法第四十一·校36页）

（8）夫人乃得生於父母得成道德於师，得荣尊於君，每独居一处，念君父师将老，无有可以复之者，常思行，为师得殊方异文，可以报功者。（太平经·上善臣子弟子为君父师得仙方诀第六十三·校136页）

《太平经》中还有3例“由”引进来源对象。

（9）人由亲而生，得长巨焉，见亲死去，乃无复还期，其心不能须臾忘。（太平经·卷三十六事死不得过生法第四十六·校53页）

（10）使能动天地，和阴阳，合万物，入能度身，出能成名，贤不肖皆由斯生。（太平经·卷一百五十四至一百七十神人真人圣人贤人自占可行是与非法·校718页）

（11）此所由生凶也，不象天地元气自然法，不三相通，并力同心，故致此也。（太平经·卷四十八三合相通诀第六十五·校149页）

《论衡》中“於”引进来源对象共60例。

（12）由此言之，人受气命於天，卒与不卒，同也。（论衡·气寿）

东汉砖文及各种材质的买地券、镇墓文中的“从”引进来源对象时无一例外用在谓语前，《论衡》《太平经》中的“於”都位于谓语之后。两种材料用不同的形式，表达了相同的概念。

表介—13 东汉所调查文献引进来源对象介词的使用情况一览

介词	砖文			《太平经》			《论衡》			佛经		
来源对象介词	词项	次数	比例	词项	次数	比例	词项	次数	比例	词项	次数	比例
	从	1	100%	於	41	87.2%	从	60	100%	从	80	100%
				于	3	6.3%						
				由	3	6.3%						
合计	1	1	100%	3	47	100%	1	60	100%	1	1	100%

4. 引进关涉对象

根据刘春凤（2005）调查，《论衡》及佛经中没有引进关涉对象的“与”，但是《太平经》中“与”引进动作行为所涉及的对象共528例，其中用于“与……相应”句式的有67例。

（1）夫求道常苦，不能还其心念，今移风易俗，趋其心指，谁复与之争者？（太平经·卷一十八至三十四以乐却灾法·校13页）

（2）所以拱邪之文也，乃当与神相应，不愈者皆误人，不能救死也。（太平经·卷五十丹明耀御邪诀第六十九·校172页）

（3）夫王气与帝王气相通，相气与宰辅相应，微气与小吏相应，休气与后宫相同，废气与民相应，刑死囚气与狱罪人相应，以类遥相感动。（太平经·卷一十八至三十四行道有优劣法·校18页）

“与”是这个类别中使用频率最高的介词，古有用例，一直沿用至今，没有多大改变。

5. 引进施事对象

为 $_2$

东汉砖文中引进施事对象的介词只有“为”，1例：“为左右所禁”。

王力（2002）指出“为……所”被动句“是由先秦的被动式‘为’字句发展出来的”。这一句式大致出现于战国末期，何乐士（2000）认为“到《史记》已成为各种有形式标志的被动句的主要形式”。而到东汉王充的《论衡》一书，这一被动句式在诸被动句式中“处于绝对优势”（冯春田1992）。

“为”用于“为……所……”被动句式引进施事对象的用法也见于《太平经》《论衡》和东汉佛经。

《太平经》中“为……所……”被动句式共35例。如：

（1）今天地开辟以来，神圣贤人皆为天所生，前后主为天地语，悉为王者制法，可以除灾害而安天下者。（太平经·卷四十一件古文名书诀第五十五·校85页）

（2）因三并而共策之，恐天师三道行书，为下所断绝，使不得上通，复令天怒重忿忿，上皇气不得来也。恐列士善人欲为帝王尽力，上书以通天地之谈，返为闲野远京师之长吏所共疾恶，后返以他事害之，故列宿乃流入狱中也。（太平经·卷八十六来善集三道文书诀第一百二十七·校312页）

《论衡》中“为……所……”式54例。（唐钰明1985）

（3）立岩墙之下，为坏所压；蹈沂岸之上，为崩所坠，轻遇无端，故为不幸。（论衡·幸偶）

（4）木胜土，故犬与牛羊为虎所服也。（论衡·物势）

佛经中有133例（刘春风2005:37）。如：

（5）是故不当为女色声香味细滑所染惑也，当觉知是。（安世高译《法受尘经》·17/792/737a）

此外，“为……所……”式在东汉时还产生了几种变式。

第一，“为所……”式。如：

（6）将或幸佐吏之身，纳信其言，佐吏非清节，必拔人越次，迕失其意，毁之过度，清正之仕，抗行伸志，遂为所憎，毁伤於将，三害也。（论衡·累害）

“为所……”式最早见于《史记》，是“为……所……”广泛使用后的产物（唐钰明1985）。《论衡》中1例，《太平经》中未见。

第二，“为……之所……”式，仅《太平经》中有1例，东汉砖文、《论衡》中未见。

（7）吏无大小，正卒因缘，宜明其事，勿为民之所患。（太平经·卷一百十二七十二色死尸诫第一百八十六·校568页）

“为……之所……”式中，“之”“所”作用相同，所以可复用来加强语气（吴金华1981），即“为……之所……”可简缩成“为……所……”式。

此外，《太平经》还出现以下较为特殊的被动句式。

第一，“见为……所……”式。《太平经》中1例。

（8）恐见为大神所非，蒙恩自侥幸得宠，为得恩分毕足，但惜未及重报施，唯大恩假忍苏息之闻。（太平经·卷一百十四天报信成神诀第一百九十七·校608页）

例（8）“见为大神所非”中“见”是表被动的助动词，“以助动词‘见’为标志的被动句是最古老的一种被动句式，甲骨文已有”（杨伯峻、何乐士1992:667）。而“为……所……”同样是一种常见的被动句式，“‘为’‘所’共同作为被动句的标志”（同上，176），可见例（8）“见为……所……”式是“见”字式和“为……所……”式两种被动句式的叠加使用，这种叠加式在东汉文献中仅《太平经》中出现1例，东汉砖文、《论衡》中未见。

第二，“见为所……”式，《太平经》中1例。

（9）天责人过，鬼神为使，不如天教，辄见殃咎，不须鞭笞，行自得之耳。以为不然，见为所疑，不得久在，故复有言，所戒慎矣。（太平经·卷一百十二写书不用徒

自苦诫第一百八十七·校571页）

例（9）“见为所疑”同例（8）相似，是以“见”字为标志的被动句式和“为……所……”式被动句式的简缩形式“为所……”式叠加使用。这种叠加式在东汉文献中仅《太平经》中出现1例，东汉砖文、《论衡》中未见。

此外东汉还出现“为……见……”式。“为……见……”式在《论衡》中1例，《太平经》、东汉砖文未见。

（10）太公诛二子，使齐有二子之类，必不为二子见诛之故，不清其身；使无二子之类，虽养之，终无其化。（论衡·非韩）

“为……见……”式最早见于《庄子》，到魏晋南北朝时，这种用例一直很少，但到唐、宋时期却用得比较频繁。[①]东汉时期的文献，唐钰明（1985）全面调查了《论衡》《汉书》《潜夫论》《吴越春秋》《风俗通义》，发现只有《论衡》中有1例“为……见……”式，笔者统计东汉砖文、《太平经》均未发现这一被动句式的用例。

“为……所……”式被动句式是东汉时主要的被动句式，唐钰明（1985）指出，“为……所……”式在发展过程中产生了两大类变式：第一，省略式“为所……”；第二，加强式“为……之所……”“为……所见……”和“为……之所见……”。根据我们的调查，东汉俗语文献《太平经》中的用例又可为东汉时期被动

① 参见董志翘（1986），又杨伯峻、何乐士（1992:682）。

句式增加一个类型，即“见”字式和“为……所……”式两种被动句式的叠加形式，包括“见为……所……”式和“见为所……”式。

《太平经》《论衡》佛经中还有一个常见的引进施事对象的介词是：於。如：

（11）以内空无所得，於外空无所疑，自於身无所见，亦不见於他人。（支谶译《阿阇世王经》·15/626/390b）

（12）蚊虻之力，不如牛马，牛马困於蚊虻，蚊虻乃有势也。（论衡·物势）

（13）善物畏见，伤於地形，而不生至，为下极贫；无珍宝物，万物半伤，为大因贫也；悉伤，为虚空贫家，此以天为父，以地为母，此父母贫极，则子愁贫矣，与王治相应。（太平经·卷三十五分别贫富法第四十一·校30页）

（14）父当主教化以时节，母主随父所为养之，子者生受命於父，见养食於母，为子乃当敬事其父而爱其母。（太平经·卷四十五起土出书诀第六十一·校113页）

《太平经》“於”引进施事对象7例。《论衡》中82例，“於”的这种用法占到了被动用法的一半。“於”表示被动在佛经中用例相当少，仅5例，其功能已被相对较新的“为”所代替。而佛经中大量的“为”式被动式成为后世被动式的主流（刘春凤2005：37）。

（二）引进对象的介词短语的词序

通过下表介绍东汉几种文献中引进对象的介词短语的词序。

表介—14 东汉砖文中引进对象介词的使用情况

功能	介词	总数	动词前	动词后
引进受事对象	于	1	—	1
	以	2	2	—
	持	1	1	—
引进受益对象	为$_1$	15	15	—
引进来源对象	从	1	1	—
引进关涉对象	与	2	2	—
引进施事对象	为$_2$	1	1	—

表介—15 《太平经》与砖文相对应的引进对象介词的使用情况

功能	介词	总数	动词前	动词后
引进受事对象	於	21	—	21
	以	392	300	92
	持	—	—	—
引进受益对象	为$_1$	309	309	—
引进来源对象	从	—	—	—
引进关涉对象	与	528	528	—
引进施事对象	为$_2$	37	37	—

表介—16 《论衡》与砖文相对应的引进对象介词的使用情况

功能	介词	总数	动词前	动词后
引进受事对象	於	65	—	65
	以	135	131	4
	持	—	—	—
引进受益对象	为$_1$	78	78	—
引进来源对象	从	—	—	—
引进关涉对象	与	—	—	—
引进施事对象	为$_2$	82	82	—

表介—17　佛经与砖文相对应的引进对象介词的使用情况

功能	介词	总数	动词前	动词后
引进受事对象	於	58	—	58
	以	281	281	—
	持	72	72	—
引进受益对象	为$_1$	351	351	—
引进来源对象	从	80	80	—
引进关涉对象	与	—	—	—
引进施事对象	为$_2$	133	—	—

东汉几种文献中，“以”引进受事对象时最大的区别是“以”的位置。《太平经》《论衡》中都有一定数量的“以”引进受事对象时位于动词中心语之后。而砖文和佛经中引进受事对象的“以”全部位于动词中心语之前。

而引进来源对象的“从”、引进受益对象的“为”、引进施事对象的“为”等，所组成的介词短语在上述四种东汉文献中均位于动词中心语之前。

五、引进原因的介词

（一）引进原因介词比较

东汉砖文中引进原因的介词共两个：以、用。“以”2例，“用”1例，用法相同，如“非用他故，但以死人张叔敬，薄命蚤死，当来下归丘墓”。

“以”“用”也是《论衡》《太平经》及佛经共有的引进原因的介词。

（1）韩昭侯醉卧而寒，典冠加之以衣，觉而问之，知典冠爱己也，以越职之故，加之以罪。（论衡 · 幸偶）

（2）自然法也，不以故人也，是天地之常行也。（太平经 · 卷四十四案书明刑德法第六十 · 校 110 页）

（3）是时少年以一切宝施与，发一言之至愿，从是故所生世辄得受。（支曜译《成具光明定意经》· 15/630/455a）

（4）《诗》曰：我无所监，夏援及商，用乱之故，民卒流亡。（论衡 · 变虚）

（5）上古之人，皆有知虑，不敢犯禁，自修自正，恐见有失，动辄为不承命，失其年。用是之故，不敢小解，过辄有罚首，以是自省自爱，敬重禁忌，不敢有违失意。（太平经 · 卷一百十大功益年书出岁月戒第一百七十九 · 校 528 页）

（6）数息所以先数入者，外有七恶，内有三恶，用少不能胜多故先数入也。（安世高译《大安般守意经》· 15/602/164c）

（二）引进原因介词小结

“以”“用”在东汉几种文献中的使用情况见表介—18。

表介—18　东汉文献中引进原因主要介词使用情况一览

引进原因介词比较	砖文			《太平经》			《论衡》			佛经		
	词项	次数	比例	词项	次数	比例	词项	次数	比例	词项	次数	比例
	以	2	66.7%	为	87	60.4%	以	300	54.6%	用	328	48.0%
	用	1	33.3%	以	44	30.6%	为	166	30.2%	以	235	34.4%
				用	13	0.9%	用	5	0.9%	为	47	6.9%
合计	2	3	100%	3	144	100%	3	471	85.7%	3	610	89.3%

在东汉其他几种文献中，“以”和“为”是表示原因的介词中使用比例最大的。“用”在几种文献中的使用情况差别较大。在《论衡》《太平经》中，“用”表示原因的用法并不多见，《论衡》中仅有5例，其中有4例以“何用”的惯用格式出现，另外一例引自古书。《论衡》中“用”的介词用例并不少，但大多表示工具或凭据。《太平经》中“用”做介词引进原因13例，其中5例用于“用是之故”的搭配，另有5例以复指代词“是”做宾语。然而“用”在佛经中是表示原因的介词中使用频率最高的。

表介—19　东汉砖文介词使用情况一览

功能		介词	次数
引进处所	起始处所	从$_1$	1
	发生处所	於$_1$	5
		在	45
	终到处所	至	1
引进时间	起始时间	从$_2$	2
	发生时间	以$_1$	3
		即	1
		方	1

续表

<table>
<tr><td rowspan="2">引进工具、材料
或凭借、依据等</td><td rowspan="2"></td><td>以$_2$</td><td>8</td></tr>
<tr><td>持$_1$</td><td>4</td></tr>
<tr><td rowspan="7">引进对象</td><td>受事对象</td><td>于</td><td>1</td></tr>
<tr><td>引进动作行为涉及的对象</td><td>以$_3$</td><td>2</td></tr>
<tr><td>引进受事对象</td><td>持$_2$</td><td>1</td></tr>
<tr><td>受益对象</td><td>为$_1$</td><td>15</td></tr>
<tr><td>来源对象</td><td>从$_3$</td><td>1</td></tr>
<tr><td>涉及对象</td><td>与</td><td>2</td></tr>
<tr><td>施事对象</td><td>为$_2$</td><td>1</td></tr>
<tr><td rowspan="2">引进原因</td><td rowspan="2"></td><td>以$_4$</td><td>2</td></tr>
<tr><td>用</td><td>1</td></tr>
</table>

第二章　副词

东汉砖文的所有虚词中，副词数量最多。经统计，共有副词32个，包括单音副词29个，复音副词3个；作用是表示行为或状态的各种特征，在句中做状语，修饰限制谓语。参照《古汉语语法及其发展》副词的分类，将东汉砖文中的副词分为范围副词、时间副词、否定副词、状态副词、程度副词、谦敬副词六类。

第一节　东汉砖文所见副词概况

一、范围副词

范围副词的“范围”指的是发出动作者（“施事者”）或接受动作者（“受事者”）的范围，这就道出了范围副词与其他类别副词的区别，即它不但和句中谓语发生关系，而且与句中其他成分——主语和宾语也有密切联系。按照与主语及宾语的关系，东汉砖文中的范围副词分为表示总括、表示分说、表示限止三类。范围副词共有6个:皆、共、各、各自、别、但。“皆”“共”用来总括主语或宾语所指的人或事物的范围,“各”“各自”则对主语表示分别陈说。“但”表示对范围的限制。东汉砖文中“皆”2例,“共”1例;“各”1例,“各自”2例;“别”1例,“但”1例。

(一)表总括的范围副词

皆

东汉砖文中“皆”位于主语之后,动词谓语之前,在句中充当状语,用于总括主语的范围,表示主语所指的人或物全都参与谓语所代表的动作。2例。如:

(1)吏事生於戊己,谋议欲来,暴病不起□,皆不得来会,□□不能言。(刘孟陵镇墓文)

(2)海内皆臣,岁登成孰,道毋饥人。(吉语砖文)

共

“共”做范围副词在东汉砖文中仅见1例,表示主语所指的人共同发出谓语所代表的动作。

为冢时临知者刘元泥、枕安居,共为券书,平执。(刘元台买地券)

(二)表分说的范围副词

东汉砖文中表分说的范围副词有3个,包括单音副词“各”“别”,

复音副词“各自”。

各

东汉砖文中“各”做副词1例，用在动词前表示动作行为是各自进行的。

后葬之勿令伐作，各安其所，旷户以闭，累君后世，令无死丧。(胥氏陶瓶镇墓文)

各自

东汉砖文中复音副词“各自”2例。

(1)死人行阴，生人行阳，各自有分画，不得复交通。(密县后士郭汉画像砖文)

(2)生人南，死人北，生死各自异路。(陈刻敬瓦缶镇墓文)

别

东汉砖文中“别”做副词表示范围在某一整体之外，有“另，另外”意。1例。

属昨自语谴愁不白别有区衷。(曹氏宗族墓砖文)

(三)表限止的范围副词

但$_1$

汉代砖文中表限止的范围副词只有1个:但，用在动词前，表示对谓语范围的限制。

> 今日吉良，非用他故，<u>但</u>以死人张叔敬，薄命蚤死，当来下归丘墓。（张叔敬瓦缶镇墓文）

二、时间副词

（一）表示动作行为发生的时间在现在、过去或将来

东汉砖文中此类时间副词共3个：以、欲、将。“以”通“已”，表示动作行为发生的时间在过去，“欲”“将”表示某种客观情况即将发生。

以

“以”通“已”，表示动作行为发生的时间在过去，即表动作的完成。共2例。

> （1）眉须<u>以</u>落，下为土灰。（张叔敬瓦缶镇墓文）
>
> （2）后葬之勿令伐作，各安其所，旷户<u>以</u>闭，累君后世，令無死丧。（胥氏陶瓶镇墓文）

按：“以”通“已”。《经传释词》：“以与已字本同。”《国语·晋语四》：“其闻之者，吾以除之矣。”《汉语大字典》曰：“‘以’通‘已’。”从《太平经》看，当时“以”与“已”往往通用。如卷十八至三十四《解承负诀》：“天地开辟<u>已来</u>，凶气不绝。”而卷四十一《件古文名书诀》：“今天地开辟<u>以来</u>久远，河雒出文出图，或有神文书

出。"显然"以""已"同义。再如:卷五十五《知盛衰还年寿法》:"民慈爱谨良,皆以出焉;贤圣明者,皆已悦焉。""以""已"通,都表完成。

欲

"欲"本为动词,《说文》:"欲,贪欲也。"东汉开始,部分"欲"在口语中有分化为助动词、副词的趋势。"欲"做副词,表示客观情况即将发生。东汉砖文中"欲"做时间副词共8例。

（1）县官敢告东方，吏事生於甲乙，谋议欲来，暴病足膝，昼且啼哭，夜不得卧，便休不来会，事□□□。敢告南方，吏事生於丙丁，谋议欲来，反还□□。（刘孟陵镇墓文）

（2）令故上复除之药，欲令后世無有死者。（张叔敬瓦缶镇墓文）

（3）立制牡历，辟除土咎，欲令祸殃不行。（张叔敬瓦缶镇墓文）

将

表示动作行为发生的时间在将来。东汉砖文中共3例。

（1）为蒙恩将报。（曹氏宗族墓砖文）

（2）为将奈何吾真愁怀。（曹氏宗族墓砖文）

（3）谊将炤我身将损腐。（曹氏宗族墓砖文）

（二）表示动作行为发生或进行的时间状态

东汉砖文中此类副词共3个:早、顷、当即。"早"表示动作行为发生的早晚;“顷”表示前后两事在时间上的间隔很短;“当即”表示前后两事在时间上紧相连接。

早

用在动词谓语之前，表示在说话者看来某动作行为或情况发生得较早。东汉砖文中仅见1例。

会稽明府早弃春秋不竟世。(曹氏宗族墓砖文)

顷

表示时间短。东汉砖文中2例。

(1)顷不相见。(曹氏宗族墓砖文)

(2)顷不相思。(曹氏宗族墓砖文)

当即

复音副词“当即”在东汉砖文中仅见1例。用于谓语前，表示动作行为或情况很快发生。可译为“立即、即刻、马上”等。

(1)乃至逯没君，小人当即蹟到亲拜丧。(曹氏宗族墓砖文)

东汉其他材质的买地券、镇墓文中未见复音副词“当即”的用法,《太平经》中有1例“当”“即”连用的例子。

(2)邪人有邪心，不欲阴佑利凡事，则致邪，此乃皇天自然之格法也，故当即退之，不退之且忿天，使地杀气出，故当疾去之。（太平经·卷九十六守一入室知神戒第一百五十二·校427页）

但是《太平经》中的此例当看作是表状态的副词“当”和表时间的副词“即”两个副词，应译为“应当立即”，而非复音副词“当即”。

三、否定副词

东汉砖文中否定副词有8个:不、無、无、勿、毋、未、非、莫，都用于谓语前，表示否定或禁止。

不

“不”共9例，全部位于动词谓语前，按作用分为两类：

1. 表叙述的否定，共8例

（1）不当卖而卖，卒为左右所禁，固平□为是正。（刘元台买地券）

（2）黄神北斗主为葬者睢方镇解诸咎殃，葬犯墓神墓伯，不利生人者。（宝鸡镇墓陶文）

（3）黄神北斗主为葬者阿丘镇解诸咎殃，葬犯墓神墓伯，行利不便。（宝鸡镇墓陶文）

2. 表禁戒的否定

“不”常与助动词“得”连用，表示禁戒，共同修饰谓语。1例。

（4）永元十六年十二月庚戌□死者，死者壹去不反。（建和元年加氏镇墓文）

無

东汉砖文中“無”做否定副词共16例。

（1）千秋万岁，永無相坠。（建和元年加氏镇墓文）

（2）今日移别，墓冢無殃。睢方等無责子孙、子妇、姪弟，因累大神。（宝鸡镇墓陶文）

（3）今日移别，殃害须除，死者阿丘等無责妻子、子孙。（宝鸡镇墓陶文）

无

东汉砖文中“无”做否定副词共1例，用法与“不”相近，表禁戒的否定。

（1）令王氏冢中先人无惊无恐，安隐如故。（初平四年王氏镇墓文）

按：“无”通“無”。《易・系辞上》：“自天祐之，吉无不利。”《庄子・在宥》：“非德也而可长久者，天下无之。”汉司马相如《上书谏猎》：“盖闻明者远见於未萌，而智者避危於无形。”

勿

东汉砖文中“勿”共2例，全部表禁戒。

（1）传到，约敕地吏，勿复烦扰张氏之家。（张叔敬

瓦缶镇墓文）

（2）后葬之勿令伐作，各安其所，旷户以闭。（胥氏陶瓶镇墓文）

毋

“毋”相当于“无、没有”。

（1）镇冢雄黄，四时五行可除咎，吉央富贵毋极，如律令。（胥氏陶瓶镇墓文）

“毋”表示“无、没有”的意思先秦就有。《墨子·非命上》:“言而毋仪，譬如运钧之上而立朝夕者也。”《史记·刺客列传》:“今行而毋信,则秦未可亲也。”清戴震《汪河发墓志铭》:“呜呼,我死毋憾,但我主人闻之，病又加甚耳。”

“毋”还可表示禁止。东汉砖文中1例。

（2）富贵昌宜官堂。意气阳宜弟兄。长相思毋相忘。爵禄尊寿万年。（吉语砖文）

表示禁止意也见于先秦。《诗·小雅·角弓》:“毋教猱升木，如涂涂附。”郑玄笺:“毋，禁辞。”《礼记·曲礼上》:“毋不敬。”陆德明《释文》:“古人云‘毋’，犹今人言‘莫’也。”

未

“未”做否定副词在东汉砖文中共7例，全部见于吉语砖文，用于同一句式。

（1）单于和亲，千秋万岁，安乐未央。（吉语砖文）

（2）汉广益强，破胡灭羌，长乐未央。（吉语砖文）

（3）长生未央，日利千万。（吉语砖文）

非

东汉买地券、镇墓文中“非”做否定副词仅见1例，在分句中用在介宾结构前，否定原因。

今日吉良，非用他故，但以死人张叔敬，薄命蚤死，当来下归丘墓。（张叔敬瓦缶镇墓文）

《虚词词典》没有这种用法，据杨伯峻《古汉语虚词》，此处“非”为否定副词。前代也有这种用法，如《荀子·宥坐》：“芷、兰生於深林，非以無人而不芳。”

莫

东汉买地券、镇墓文中“莫”做否定副词共3例，都表示禁戒的否定。其中2例单用：

（1）死生异处，莫相干［扰］。（贞松堂残镇墓券）

（2）故为丹书铁券，□及解适，千秋万岁，莫相求索。（贞松堂残镇墓券）

还有1例，否定副词“莫”“不”连用的用法，表示肯定。

（3）永和五年造作，竭力无余，□□数千士夫莫不护助，生死之义备矣。（辽宁盖县东汉墓镇墓砖文）

四、状态副词

东汉砖文中的状态副词共9个:自、当、复、相、转相、但、顾、径、必，表示动作行为的状态或方式。

自

“自”的副词用法可上溯至殷商甲骨文，以后一直沿用。我们在调查中发现，东汉砖文中“自”的副词用法主要见于买地券、镇墓文，做副词共4例。大致有以下两种用法。

1. 用在动词谓语前，可译为“本来”“原来”，1例

（1）吾本自平原自姓为张。（曹氏宗族墓砖文）

2. 用在谓语动词前，但前有其他副词，所以看作具备副词功能

（2）生人上就高台，死人深自藏。（熹平元年陈叔敬镇墓文）

（3）死入土，生上堂，死人深自臧。（延光元年陶文）

（4）生人筑高台，死人归，深自貍。（张叔敬瓦缶镇墓文）

由于“自”的复指作用，传统上看作“代字”。《马氏文通·代字篇》称为“重指代字”，周法高（1990）称为“复指代词”，黎锦熙（1992）称为“复称代词”。后来学者才渐渐肯定“自”还有副

词用法。如杨伯峻《古汉语虚词》、何乐士等《古代汉语虚词通释》及《虚词词典》等，除了代词用法，还列出副词用法。然而正如杨伯峻《古汉语虚词》中所言"'自'作代词时，常放在动词前，形似副词"，所以"自"的代词用法和副词用法就语法特征而言，看不出什么区别——都用在动词前。所谓不同，从诸家的解释看似乎仅可就一点判断——突出复指作用的，看作代词，其他用在动词前的即为副词。然而在分析实例时这一标准不好把握。其实指代作用和副词用法并不矛盾，陈榴（1987）认为："'自'对主语的复指性贯穿于它的用法始终，而其副词词性也早已形成。"这一说法合理。

单独位于动词前，传统上一般看作主语（如《马氏文通·代字篇》及周法高《中国古代语法·称代编》），但东汉砖文中"善哉陈氏吉昌，恶者五精自受其殃"一句中，"自"似也可看作状语:此外，《太平经》中也有类似的例子：

（5）勿敢但财利其身者自言为善上，以置天君父师也。（太平经·卷四十七上善臣子弟子为君父师得仙方诀第六十三·校141页）

（6）吾见子问之，积眷眷不忍，故反覆为子具道其意，疾疏吾辞，自深思念之。（太平经·卷五十一校文邪正法第七十八·校188页）

同样的意思，在其他句子中"自"的位置往往很灵活，不一定单独在动词前，也常常放在其他副词和后面的动词之间。

（7）汝行适财自保全其身耳，反深自言有功于上，而啼呼天地，此悉属下愚之人也，不能为上善之人也。（太平经·卷四十七上善臣子弟子为君父师得仙方诀第六十三·校135页）

（8）以书付下古之人，各深自实校为行，以何上有益于天君父师，其为增行，但各自祐利而已邪？（同上）

例（7）中“深”做状语修饰谓语动词“言”，位于“自”前，“自”看作副词功能似更妥，如此，则很难说“自”在例（7）（8）中是副词，而在例（5）（6）中是代词。因此我们认为东汉砖文中，下例中“自”，本书看作代词，因为有一定的指代作用，但从句法功能上讲，似也可看作副词：

（9）宗君自食地下租，岁二千万，令后世子子孙孙土宦，位至公矦富贵将相不绝。（灵宝张湾杨氏镇墓文）

（10）青骨死人刘公则，自以家田三梁，中有尺丈，券书明白，故立四角封界。（刘公则买地砖券）

（11）延光元年□□十四日，生人之死别解，生自属长安，死人自属丘丞墓。（延光元年陶质镇墓文）

（12）生人自有宅舍，死人自有棺椁，生死异处，無与生人相索。（韩袱兴陶罐镇墓文）

（13）生人自属西长安。（汉后赵墓朱书陶文）

（14）善哉陈氏吉昌，恶者五精自受其殃。（陈刻敬瓦缶镇墓文）

最后需要说明，“自”的词性和用法是学术界讨论较多的问题，1989年始至90年代末，刘瑞明（1989）、蒋宗许（1990，1992）、姚振武（1993）诸位先生发表一系列文章，就“自”是否是一个词尾有过热烈的辩论。笔者意在反映出东汉砖文中“自”的面貌，不就词性的区分做理论探讨，也在这里提出问题，就教于方家。

当

用于谓语前，表示情理上情况应当怎样。东汉砖文中这种用法共5例。

（1）移丘丞墓□下当用者。（灵宝张湾杨氏镇墓文）

（2）张叔敬薄命蚤死，当来下归丘墓。（张叔敬瓦缶镇墓文）

（3）后死黄母当归旧阅。（初平四年王氏镇墓文）

复

东汉砖文中“复”的副词用法共4例，都用在动词前，表动作行为的重复，相当于现代汉语的“再”。

（1）死生异簿，千秋万岁，不得复相求索。（成桃椎朱书陶瓶镇墓文）

（2）令韩祑兴冢中前死安，千秋万岁，物复相求动伯。（韩祑兴陶罐镇墓文）

（3）□惟千秋万岁，不得复□里人相□。（胥氏陶瓶镇墓文）

（4）死人行阴，生人行阳，各自有分画，不得复交通。（密县后士郭汉画像砖文）

相

东汉砖文中“相”共15例，用在谓语前，表示谓语所叙关联两个不同主体的行为。

1. 表示双方主体互为施受，相当于“互相”，1例

（1）生人得九，死人得五，生死异路，相去万里。（户县曹氏镇墓陶文）

2. 表示在双方的彼此对待关系中只有一方为施事，“相”兼有偏指接受动作一方的作用，14例

（2）今成氏之家死者字桃椎，死日时重复，年命与家中生人相拘籍，到，复其年命，削重复之文，解拘伍之籍，死生异簿，千秋万岁，不得复相求索。（成桃椎朱书陶瓶镇墓文）

（3）千秋万岁，永無相坠。（建和元年加氏镇墓文）

（4）令韩祔兴冢中前死安，千秋万岁，物复相求动伯，生人自有宅舍，死人自有棺椁，生死异处，無与生人相索。（韩祔兴陶罐镇墓文）

转相

“转相”表示互相。东汉砖文中只有1例。

告上司命、下司禄，子孙所属告墓皇使者，<u>转相</u>告语，故以自代铅人。（建和元年加氏镇墓文）

但₂

用于动词前，表示无所顾忌地实施某一动作行为，可译为“只管、尽管”。1例。

王复汝使琖人作此大壁，径冤琖人不知也，<u>但</u>持汝属仓天乃死。（曹氏宗族墓砖文）

顾

用于谓语前，表谓语所指与常情常理相反，表示“反而、却”意。1例。

置掾景兴侍者勤苦，暑热<u>顾</u>不知，沽息楣格平安。（曹氏宗族墓砖文）

径

用于动词前，有“一直”意。1例。

王复汝使琖人作此大壁，径冤琖人不知也，<u>但</u>持汝属仓天乃死。（曹氏宗族墓砖文）

必

用于谓语前，表示主观坚定、态度坚决。1例。

<u>必</u>忠。（曹氏宗族墓砖文）

五、程度副词

东汉砖文中程度副词共3个:大、真、正。用于修饰谓语，表示程度之甚。

大

东汉砖文中"大"做程度副词共13例。用在形容词"吉""利""富贵"等词之前，表示程度之甚。主要见于吉语砖文。

（1）大吉子孙多所宜。（吉语砖文）

（2）大吉详宜子孙，永和五年。（吉语砖文）

（3）建初三年八月廿日,汝伯宁日万岁全大利善。（吉语砖文）

（4）永初七年作冢大富贵。（吉语砖文）

（5)永和五年八月宣嘉壁,大吉详宜子孙。（吉语砖文）

真

东汉砖文中"真"做程度副词共1例。表示对动作行为的强调、肯定。可译为"确实、实在"等。

为将奈何吾真愁怀。（曹氏宗族墓砖文）

正

东汉砖文"正"做程度副词用于形容词前,表示程度之甚。1例。

人谓壁作乐，作壁正独苦。（曹氏宗族墓砖文）

六、谦敬副词

东汉砖文中谦敬副词共 2 个:谨、敢，都是表敬副词。用于修饰动词谓语，表示对别人的动作行为的感激和尊重之情。

谨

东汉砖文中“谨”做表敬副词共 11 例，用于同一句式。

(1) 建和元年十一月丁未朔十四日解，天帝使者谨为加氏之家别解。(建和元年加氏镇墓文)

(2) 阳嘉二年八月己巳朔，六日甲戌徐。天帝使者，谨为曹伯鲁之家移殃去咎。(户县曹氏镇墓陶文)

敢

“敢”做表谦敬的副词，有“冒昧地”之意。东汉砖文中“敢”做表敬副词共 5 例。

(1) 县官敢告东方，吏事生於甲乙，谋议欲来，暴病足膝，昼且啼哭，夜不得卧，便休不来会。(刘孟陵镇墓文)

(2) 熹平二年十二月乙巳朔，十六日庚申天帝使者告张氏之家三丘五墓，墓左墓右，中央墓主，塚[①]丞塚令，主塚司命，魂门亭长，塚中游击等，敢告移丘丞墓伯地下二千石，东塚侯，西塚伯，地下击植卿，蒿里伍长等。(张叔敬瓦缶镇墓文)

① 东汉砖文中大部分该字字形为“冢”，只有此篇镇墓文作“塚”，故保留。

表副—1　东汉砖文所见副词一览

<table>
<tr><th colspan="2">功能</th><th>介词</th><th>次数</th></tr>
<tr><td rowspan="6">范围副词</td><td rowspan="2">总括主语或宾语所指的人或事物的范围</td><td>皆</td><td>2</td></tr>
<tr><td>共</td><td>1</td></tr>
<tr><td rowspan="3">对主语表示分别陈说</td><td>各</td><td>1</td></tr>
<tr><td>各自</td><td>2</td></tr>
<tr><td>别</td><td>1</td></tr>
<tr><td>表示对范围的限制</td><td>但$_1$</td><td>1</td></tr>
<tr><td rowspan="6">时间副词</td><td rowspan="3">表示动作发生的时间在过去、现在或将来</td><td>以</td><td>2</td></tr>
<tr><td>欲</td><td>8</td></tr>
<tr><td>将</td><td>3</td></tr>
<tr><td rowspan="3">表示动作行为发生或进行时的时间状态</td><td>早</td><td>1</td></tr>
<tr><td>顷</td><td>2</td></tr>
<tr><td>当即</td><td>1</td></tr>
<tr><td rowspan="8">否定副词</td><td rowspan="8"></td><td>不</td><td>9</td></tr>
<tr><td>無</td><td>16</td></tr>
<tr><td>无</td><td>1</td></tr>
<tr><td>勿</td><td>2</td></tr>
<tr><td>毋</td><td>1</td></tr>
<tr><td>未</td><td>7</td></tr>
<tr><td>非</td><td>1</td></tr>
<tr><td>莫</td><td>3</td></tr>
</table>

续表

状态副词		自	4
		当	5
		复	4
		相	15
		转相	1
		但$_2$	1
		顾	1
		径	1
		必	1
程度副词		大	13
		正	1
		真	1
谦敬副词		谨	11
		敢	5

第二节 东汉砖文与东汉其他文献副词比较研究

由于东汉砖文副词数量较多，本书将着重与东汉其他材质（如铅质、木质、石刻等）的买地券、镇墓文及《太平经》中的相应类别进行比较。同时，东汉砖文中的副词分为范围副词、时间副词、否定副词、状态副词、程度副词、谦敬副词六类，但囿于时间，这里重点比较范围副词、否定副词、状态副词的用法，余下几类此后将继续关注。文中的所有统计数据都由笔者完成。

一、范围副词

东汉砖文、其他材质的买地券、镇墓文及《太平经》中共有的范围副词共计6个:皆、共、各、各自、别、但。

皆

东汉砖文中“皆”只有2例，但是其他材质的买地券、镇墓文中还有10例，这些材料中的范围副词“皆”全部位于主语之后，动词谓语之前，在句中充当状语，用于总括主语的范围，表示主语所指的人或物全都参与谓语所代表的动作。《太平经》中“皆”做总括副词660例，除了总括主语范围外，还可总括宾语范围。如:

(1)田中若有尸死，男即当为奴，女即当为婢，皆当为孙成趋走给使。(孙成买地铅券)

(2)时旁人樊永、张义、孙龙、异姓樊元祖皆知券约，沽酒各半。(孙成买地铅券)

(3)四比之内，根生伏财物一钱以上，皆属仲成。(曹仲成买地铅券)

(4)根生土着毛物，皆归孙成。(孙成买地铅券)

(5)天不广，不能包含万物。万物皆半好半恶，皆令忍之。(太平经·卷一十八至三十四以乐却灾法·校13页)

例(1)中，主语所代表的“男奴”“女婢”均承受谓语“为孙成趋走给使”这一动作内容。例(2)中“知券约”这一动作是主语所指的几人共同发出的。东汉买地券、镇墓文中这种总括表人主语的用法共6例。以上例(3)(4)中“皆”总括表物主语，此用法共3例。

同时可以发现，例(1)到例(4)宾语均为单数名词或名词短语，这也印证了“皆”的范围指向应为主语。

例(5)中第一个“皆”总括主语“万物”的范围，第二个“皆”总括宾语“之”的范围，“之”指“万物”。

经统计，东汉砖文、各种材质的买地券、镇墓文及《太平经》中表总括的范围副词中，“皆”用得最多，是表总括范围的主要副词。何乐士(1989)总结《左传》的情况发现“在几个表总括的范围副词中，最有代表性的是‘皆’”。另侯良瑗(1987)全面考察古汉语范围副词后指出，“在叙述句中，统括主语范围的，古汉语用得最多的是‘皆’字”，而在东汉砖文中“皆”同样保持了优势地位。

此外，东汉的一篇木质镇墓文中关于“皆”还有一种用法比较特殊，见《钟仲游妻木质镇墓文》：

(6)直闭黄帝告丘丞墓伯、地下二十石、墓左幕右、主墓狱史、墓门亭长，莫不皆在。

句中“丘丞墓伯、地下二十石、墓左幕右、主墓狱史、墓门亭长”是兼语，既做动词“告”的宾语，又做“莫不皆在”的主语。否定词“莫”与“不”构成双重否定，表达肯定的意思，表示主语范围无一例外，而范围副词“皆”对主语表示总括。“莫不”与“皆”表意相同，从修辞上说，属于同义连用。详见下编第三章《东汉墓志材料中的同义连用》中的分析。

别

东汉砖文中“别”做副词有“另、另外”意。1例。

其他材质的买地券、镇墓文及《太平经》中未见“别”做范围副词的用法。

东汉其他买地券、镇墓文材料中所见的范围副词还有:并。

并

共有3例，用于同一句式。

（1）买皋门亭部什三西郡袁田三亩，亩价钱三千一百，并直九千三百。（王未卿买地铅券）

（2）买长谷亭部马领佰北冢田六亩，亩千五百，并直九千。（曹仲成买地铅券）

（3）买石梁亭部桓千东比是佰北田五亩，亩三千，并直万五千。（樊利家买地铅券）

以上三例中,“并”分别修饰谓语“直九千三百”“直九千”“直万五千”，“并”的复数范围指向主语。主语是数量短语“×亩”，“并”表示数量统计。《虚词词典》中“并”的副词用法主要有两种:表动作行为由几个主体共同发出（例《史记·高祖本纪》:与魏将皇欣、魏申徒武蒲之军并攻昌邑，昌邑未拔），或表示某一动作行为同时涉及两个以上的对象（例《元诗别裁集·赵孟頫:题耕织图二十四首奉懿旨撰》:君子与小人,并处必为患）。《汉语大字典》《古汉语语法及其发展》的看法与《虚词词典》相同。何乐士（1989）考察了《左传》的“并”,也不外上述两种用法。看来在传统文献中，“并”用于表示数量统计的用法不多见。

二、否定副词

东汉砖文中的 6 个否定副词“不、無、无、勿、毋、未”在《太平经》中都有用例。

表副—2 东汉砖文与《太平经》中否定副词使用情况比较

文献 \ 副词	不	無	无	勿	毋	未	非	莫	否
东汉砖文	9	16	1	2	2	7	1	3	—
《太平经》	5910	1995	3	216	34	280	348	121	5

东汉砖文中有“無有”连用的用法，义同“没有”，往往用在带咒语性质的语句中，有表示禁戒的意味。

（1）今后曾财益口，千秋万岁，無有央咎。（初平四年王氏镇墓文）

（2）令故上复除之药，欲令后世無有死者。（张叔敬瓦缶镇墓文）

《太平经》中“無有”连用，表示禁戒或劝导意味的共 34 例，常用在对话中。

（3）行安坐，当为子道之，自当了然，無有疑也。（太平经 · 卷一至十七 · 校 1 页）

（4）“然，学而问道，有何谢乎？”“唯唯。”“系之胸心，無有去时。”（太平经 · 卷一百十八烧下田草诀第二百一十 · 校 672 页）

关于否定副词“莫不”连用的用法，除了砖文，还有一篇木质镇墓文中出现 1 例。

（5）直闭黄帝告丘丞墓伯、地下二十石、墓左幕右、主墓狱史、墓门亭长，莫不皆在。（钟仲游妻木质镇墓文）

例（5）“莫不皆在”一句中“莫不”与“皆”都有总括范围的作用，二者连用是古汉语中的一种修辞现象——同义连用，详见本书下编第三章《东汉墓志材料中的同义连用》。

三、状态副词

东汉砖文中的状态副词共 9 个：自、当、复、相、转相、但、顾、径、必，表示动作行为的状态或方式。这里重点比较“自”和“转相”两个。

自

东汉砖质买地券、镇墓文中的“自”做副词共 4 例，两种用法。除了砖质材料，其他材质的买地券、镇墓文中“自”也有副词的用法。例如可译为“自然”的 1 例。

（1）若一旦田为吏民秦胡所名有，諰子自当解之。（樊利家买地铅券）

此外还有一篇铅券中“自”有“各”意，表逐指。

（2）田南尽陌，北、东自比諰子，西比羽林孟。（樊

利家买地铅券）

历代字书在解说“自”时未见“‘自’作‘各’解”的说法,“自”有逐指作用的看法由陈榴（1987）提出，可以解释例（2）中“自”的用法。“自”分指前面的“北”“东”，意思是北边、东边分别与諤子临近。

陈榴（1987）提出将“自”释为“各”“各自”,并举出《尚书》及《庄子》中的证据，甚为雄辩。《尚书·微子》:“自靖，人身献于先王，我不顾行遁。”伪孔传:“各自谋行其志，人人自献达于先王，以不失道。”孔颖达疏:“各自谋行其志，人人各自献达于先王。”比照伪孔传和孔颖达的解释可以看出，此处“自”相当于“各自”。又《庄子·渔父》:“天子、诸侯、大人、庶人，此四者自正，治之美也。”宋林希夷《南华真经口义》:将“自正”释为“各任其职”。

另外从《太平经》中也可以看出，当时“自”在句中的作用同“各”确实有相近之处。如《卷三十九解师策书诀第五十》:“今陈列天书累积之字也；十者，书与天真诚信洞相应，十十不误，无一欺者也，得而众贤，各自深许，其先人皆有承负也。”《太平经》的节录本《太平经钞》记载这一内容时就没有“各”字。这在一定程度上说明去掉“各”，单用“自”不影响逐一分指概念的表达。再如：

（3）初天地开辟，自太圣人各通达于一面，诚真知之，不复有疑也。（太平经·卷一十八至三十四解承负诀·校23页）

（4）以书付下古之人，各深自实校为行，以何上有益于天君父师，其为增行，但各自祐利而已邪？（太平经·卷

四十七上善臣子弟子为君父师得仙方诀第六十三·校135页）

（5）今天乃自有四时之气，地自有五行之位，其王、相、休、囚、废自有时，今但人兴用之也，安能乃使其生气，而王相更相克贼乎？”（太平经·卷六十五兴衰由人诀第一百一·校230页）

（6）斋家所有，皆有价数，乃为解之。分半自得，以给家口，美酒善脍，恣其所得，于意乃可，不知人当从傍平之。（太平经·卷一百十四不承天书言病当解谪诫第二百二·校622页）

例（3）（4）中，“自”与“各”呼应，可见“自”有逐指的作用。例（5）“王、相、休、囚、废”分列，“自”有“各”意。例（6）“分半自得”即“分半各得”之意。

另东汉砖文及《太平经》中有不少复音词“各自”的用例，“自”有“各”意大概也是复音词“各自”形成的基础。

（7）死人行阴，生人行阳，各自有分画，不得复交通。（密县后士郭汉画像券文）

（8）俱各自深思，从今以往，欲乐富寿而无有病者，思此书言，着之胸心，各为身计。（太平经·卷四十五起土出书诀第六十一·校116页）

转相

“转相”表示互相。东汉砖文1例，其他材质买地券、镇墓文未见，《太平经》中“转相”共24例，表示互相。

（1）详案吾文，道将毕矣。次其上下，明於日月，自转相使。（太平经·卷四十乐生得天心法第五十四·校82页）

（2）正文者，乃本天地心，守理元气。古者圣书时出，考元正字，道转相因，微言解，皆元气要也。（太平经·卷五十一校文邪正法第七十八·校190页）

上例中，“转相使”指互相作用，“转相因”指互为因果，亦互相作用意。

第三章 代词

代词是能够起替代、指称、复指作用的一类词。东汉砖文中代词共 10 个，有人称代词、指示代词和疑问代词 3 个小类。

人称代词有“吾、余、我、汝、自”5 个。可分为第一人称、第二人称和反身代词 3 个小类。东汉砖文的人称代词全部承袭先秦汉语而来，第一人称代词有“吾、我、余”3 个，第二人称代词只有“汝”1 个，反身代词“自”。

东汉砖文的所有人称代词中，“我、自”沿用到现代汉语，“汝”在近代汉语中被新兴的“你”取代。

指示代词有“他、此、其、之”4 个。其中“他”“之”表泛指。“此”是使用最多的代词，全表近指。“其”表特指，相当于第三人称。

疑问代词只有 1 个:何。

第一节 东汉砖文所见代词概况

一、人称代词

东汉砖文中人称代词有“吾、余、我、汝、自”5个，第一人称代词有“吾、我、余”3个;第二人称代词只有“汝”1个;上古汉语没有真正的第三人称代词，借用指示代词“之”“其”“彼”等来指称。反身代词只有1个:自。

（一）第一人称代词

第一人称代词是言语交际过程中用来指称自己的词。东汉砖文第一人称代词有“吾、我、余”3个。

吾

东汉砖文第一人称代词中“吾”使用最多，3例，2例做主语，1例做定语。

（1）为将奈何吾真愁怀。（曹氏宗族墓砖文）

（2）吾本自平原自姓为张。（曹氏宗族墓砖文）

（3）吾家殊忘之，今有少西大漯，自知久勿还。（曹氏宗族墓砖文）

例（1）（2）“吾”做主语，例（3）“吾家”做主语，“吾”做定语。

我

东汉砖文第一人称代词中“我”1例，做宾语。

谊将炤我，身将损腐。（曹氏宗族墓砖文）

余

东汉砖文第一人称代词中“余”1例，做宾语。

成壁但冤余。（曹氏宗族墓砖文）

（二）第二人称代词

东汉砖文中第二人称代词只有“汝”，4例，做宾语3例，做主语1例。

1. 做宾语，3例

（1）王复汝，使琖人作此大壁，径冤琖人不知也，但持汝属仓天乃死当□□。（曹氏宗族墓砖文）

（2）买汝作壁可棠（赏）。（曹氏宗族墓砖文）

例（1）中“王复汝”的“汝”做动词宾语，第二个“汝”做介词“持”的宾语。例（2）中，“汝”做动词“买”的宾语。

2. 做主语，1例

（3）建初三年八月廿日，汝伯宁日万岁全大利善。（纪年砖文）

例（3）中,“汝伯”意思是“你这个人”,“汝”和“伯”是同位语,共同做主语。

（三）反身代词

东汉砖文中反身代词只有1个:自，9例。

1. 做主语，8例

（1）吾家殊忘之，今有少西大漯，自知久勿还。（曹氏宗族墓砖文）

（2）宗君自食地下租，岁二千万，令后世子子孙孙土宦，位至公矦富贵将相不绝。（灵宝张湾杨氏镇墓文）

（3）青骨死人刘公则，自以家田三梁，中有尺丈，券书明白，故立四角封界。（刘公则买地砖券）

（4）延光元年□□十四日，生人之死别解，生自属长安，死人自属丘丞墓。（延光元年陶质镇墓文）

（5）生人自有宅舍，死人自有棺椁，生死异处，无与生人相索。（韩袱兴陶罐镇墓文）

（6）生人自属西长安。（汉后赵墓侏书陶文）

（7）善哉陈氏吉昌，恶者五精自受其殃。（陈刻敬瓦缶镇墓文）

买地券、镇墓文有个重要目的是将死人和尚在人间的亲人——砖文中称“生人”——划清界限，让死人为自己在阴间的行为负责，独立承受责罚，不再牵连生人。所以买地券、镇墓文为了强调这一点,常常加“自”表示,例（2）到例（7）都是这种用法。如例（7）

指如果死人得到好报，则保佑全家吉昌，如果得到恶报，则他“自己”受恶报、受惩罚，不要牵连生人。

2. 做介词宾语，1 例

（8）告上司命、下司禄，子孙所属告墓皇使者，转相告语，故以自代铅人。（建和元年加氏镇墓文）

综上可见，东汉砖文中人称代词可以做句子的主语、宾语、定语。

二、指示代词

指示代词是指称或区别人、物、情状的代词。东汉砖文中指示代词有“他、此、其、之”4 个。其中“他”表泛指，共 6 例。“此”是使用最多的代词，全表近指，共 61 例。“其”表特指，相当于第三人称，2 例。“之”表泛指，1 例。

他

东汉砖文中“他”做指示代词共 6 例，可以做主语和定语。

1. 做主语，东汉砖文中共 2 例

（1）使死利生，口口相防，他如律令。（洛阳唐门寺成氏陶罐镇墓文）

（2）他如天帝日止镇律令。（胥氏陶瓶镇墓文）

2. 做定语，东汉砖文中共 4 例

（3）死人归蒿里，戊己地之地下，不得苛止，他时不

□无适有富（福），利生人子孙。（刘公则买地砖券）

（4）今日吉良，非用他故，但以死人张叔敬，薄命蚤死，当来下归丘墓。（张叔敬瓦缶镇墓文）

（5）地下死籍削除，文、他央咎转。（初平四年王氏镇墓文）

（6）段氏移央去咎，远行千里，移咎去殃，更到他乡，故□石厌直，□曾青厌东南人辰上土气。（段氏陶瓶镇墓文）

此

东汉砖文中“此”是使用最多的代词，全表近指，共61例，做主语1例，做宾语48例，做定语9例，做补语3例。

1. 做主语，1例

（1）比美诗之，此为曹腾字季兴。（曹氏宗族墓砖文）

2. 做宾语，48例

（2）建初二年作此受负。（纪年砖文）

（3）永建四年造此。（纪年砖文）

（4）元和三年□月七日弘农卢氏完城旦史仲死在此下。（刑徒墓砖文）

（5）右部无任少府若卢髡钳尹孝永初元年五月四日物故死在此下。（刑徒墓砖文）

“此”做宾语的48例中，2例做动词宾语，如例（2）（3），46

例做介词宾语，全部见于刑徒砖文，且都出自“死在此下”的结构，即“此下”做介词“在”的宾语形成介宾短语表示动词“死”的处所。

3．做定语，9例

（6）永平十六年二月十二日作此壁。（纪年砖文）

（7）元和三□五月丙戌朔谢君久造此墓。（纪年砖文）

（8）公文作此北行五。（曹氏宗族墓砖文）

（9）作此大辟（壁）者丁永豪故校。（曹氏宗族墓砖文）

（10）王复汝，使琖人作此大壁，径冤琖人不知也，但持汝属仓天乃死当□□。（曹氏宗族墓砖文）

4．做补语，3例

（11）建宁元年山阴□周里番造寿墓此。（纪年砖文）

（12）永元五年二月七日无任江夏安陆鬼新张仲死此中。（刑徒墓砖文）

（13）□年四月十二日颍川郏完城旦杜伯死在此下。（刑徒墓砖文）

其

东汉砖文中“其”做指示代词，相当于第三人称，共2例，做定语。

（1）今成氏之家，死者字桃椎，死日时重复年命，与家中生人相拘籍，到，复其年命。（成桃椎朱书陶瓶镇墓文）

（2）离丘别墓，后葬之勿令伐作，各安其所。（胥氏

陶瓶镇墓文）

之

东汉砖文中“之”做指示代词共 1 例，做宾语。

永加（嘉）元年八月十日立作之也。（纪年砖文）

综上，东汉砖文指示代词主要做主语、宾语、定语，只有“此”还可以做补语。

三、疑问代词

东汉砖文中疑问代词只有 1 个:何。做介词“以”的前置宾语。

何

（1）何以为信？尺六桃券为□。（刘公则买地砖券）

（2）何以为信，神药厌镇，封黄神越章之印。（户县曹氏镇墓陶文）

东汉砖文中“何”共 2 例，用作疑问代词。

此外,东汉其他材质的买地券镇墓文中还有 1 例疑问代词“何”做介词“以”前置宾语的情况。

（3）何以为真？铅券尺六为真。（王当买地铅券）

东汉砖文所使用代词情况见表代—1。

表代—1　东汉砖文所见代词使用情况一览

代词分类	词项	总计	作用 / 次数
人称代词	吾	3	主语 /2，定语 /1
	余	1	宾语
	我	1	宾语
	汝	4	宾语 /3，主语 /1
	自	9	主语 /8，介词宾语 /1
指示代词	他	6	主语 /2，定语 /4
	此	61	主语 /1，宾语 /48，定语 /9，补语 /3
	其	2	定语
	之	1	宾语
疑问代词	何	1	介词宾语

第二节　东汉砖文与东汉其他文献代词比较研究

一、人称代词

我

东汉砖文中“我”做第一人称代词只有 1 例，做宾语。

《太平经》中“我”做第一人称代词共 50 例，做主语 26 例，做宾语 8 例，做定语 10 例，做判断句谓语 2 例，做兼语 4 例。从《太平经》看，“我”主要做主语，而除了可以做主语、宾语、定语外，《太平经》中“我”比较特殊的用法是可做判断句谓语及兼语。

1．做判断句谓语，2 例

（1）吾者，我也，我者，即天所急使神人也。（太平

经·卷三十九解师策书诀第五十·校64页）

（2）自太古到今，天地有所疾苦，悒悒而不通，凡人不得知之，皆使神圣人传其辞，非独我也，真人勿怪之也。（太平经·卷六十七六罪十治诀第一百三·校255页）

2. 做兼语，3例

（3）日死不以其寿，几灭门矣，而不自知过误，临时呼天号地，自言冤，王治不平，使我失年。（太平经·卷四十九急学真法第六十六·校164页）

（4）悔过弃兵间第七：生於穷里，稀有闻睹，不知善恶，有过天下，行不合天，赖有明君，使我就善，少不知学，长乃悔之，使善人贤士以五尺柱高，卒有去间。（太平经·卷七十三至八十五·校302页）

（5）悔过更合善间第八：室学不成，祸乱悉生，赖有明君，知我情由，令我悔过，反致为人师矣。（太平经·卷七十三至八十五·校302页）

吾

东汉砖文中"吾"可做主语，可做定语。《太平经》中"吾"做第一人称代词共487例，其中做主语316例，做宾语7例，做定语160例，做兼语4例。

1. 做主语，316例

（1）真人问神人曰："吾欲使帝王立致太平，岂可闻

邪？”（太平经·卷一十八至三十四和三气兴帝王法·校18页）

（2）真人问神人：“吾生不知可谓何等而常喜乎？”（太平经·卷一十八至三十四阙题［一］·校24页）

例（2），主语是“吾生”，“吾”与“生”为同位成分，共同做主语。

2. 做宾语，7例

（3）真人前，子与吾合心，必天使子主问事，不可自易也，是以吾悉告子也。（太平经·卷三十六事死不得过生法第四十六·校53页）

（4）然吾始学之时，同问於师，非一人也，久久道成德就，乃得上与天合意，乃后知天所欲言，天使太阳之精神来告吾，使吾语，故吾者乃以天为师。（太平经·卷三十九解师策书诀第五十·66页）

例（3）“吾”做介词“与”的宾语，例（4）“吾”做动词宾语。

3. 做定语，160例

（5）五事解，然真人复更危坐，详听吾言。（太平经·卷三十七五事解承负法第四十八·校59页）

（6）今真人以吾书付有道德之君，力行之，令效立与天相应，而致太平，可名为富家，不疑也，可无使帝王愁苦反名为贫家也。（太平经·卷三十五分别贫富法第四十一·校33页）

例（4）“吾”做“言”的定语，例（5）“吾”做“书”的定语。

4. 做兼语，4例

（7）今子乐欲令吾悉具说之耶？不惜难之也，但恐太文，难为才用。（太平经·卷三十七五事解承负法第四十八·校59页）

（8）今天地神信此家，故天地神统来寄生於此人，人反害之，天大咎之，而人不相禁止，故天使吾出此书，以示后世也。（太平经·卷三十五分别贫富法第四十一·校34页）

例（7）“吾”做动词“令”的动词，同时做“说”的主语。例（8）“吾”做动词“使”的动词，同时做“出”的主语。

余

其他材质的买地券、镇墓文及《太平经》中未见“余”做人称代词的用法。

汝

东汉砖文中第二人称代词“汝”做宾语3例，做定语1例，其他材质的买地券镇墓文中还有1例“汝”做主语的用例。

（1）帝神师已知汝名，疾去三千里，汝不即去，南山□□令来食汝，急如律令！（江苏高邮邵家沟汉代遗址符箓木片）

《太平经》中第二人称代词“汝”共50例。除了跟东汉砖文一样可做宾语和定语外，还可做主语和兼语。

1. 做主语，18例

（2）汝不好生，与天下反，故投汝不生之处。汝好无人，故投汝无人之野。（太平经·卷一百十七天咎四人辱道诫第二百八·校659页）

2. 做兼语，1例

（3）使天忿怒，无有喜时，当爱汝命，令汝不死乎？（太平经·卷一百十四不可不祠诀第一百九十六·校603页）

"汝"做兼语是《太平经》不同于东汉砖文的用法。

《古汉语语法及其发展》指出"'汝'多用在主位和宾位，用在领位的极少见"，周法高（1990）言："在金文、《书》《诗经》《论语》《檀弓》《左传》诸书中，'汝'绝少用于领位"，何乐士（1989）考察《左传》中的用法后发现，"汝"用作定语仅1例，进一步证实周法高的观点。但《孟子》中"汝"8例，用作定语5次（崔立斌1989），而东汉砖文及《太平经》中"汝"做定语的用例都不少见，特别是《太平经》中，"汝"做定语的用例与做主语及做宾语的用例相当。那么"用在领位的极少见"可能只是某些古籍的情况。《马氏文通》曰："代与语者，汝、尔两字，各次皆用。"郭锡良、李玲璞（1992）主编《古代汉语》言："第二人称代词'汝'……可以做主语、宾语、定语"，都没有特别指出"汝"做主宾语还是做定语更常见。

3. 做宾语，15例

（4）汝不好生，与天下反，故投汝不生之处。汝好无人，

故投汝无人之野。（太平经·卷一百十七天咎四人辱道诫第二百八·校659页）

例（4）“汝”做动词“投”的宾语。

4. 做定语，16例

（5）天地尚不夺汝功，何况人乎哉！（太平经·卷三十五分别贫富法第四十一·校35页）

自

东汉砖文中“自”做主语8例，表动作行为是施事主体自己进行的。此外一篇木质镇墓文中还有1例这种用法。

今平阴偃人乡苌富里钟仲游妻薄命蚤死，今来下塟，自买万世冢田，贾直九万九千，钱即日毕。（钟仲游妻木质镇墓文）

表代—2 东汉砖文与《太平经》人称代词使用情况比较

		主语		宾语		定语		兼语		谓语	
		砖文	《太平经》	砖文	《太平经》	砖文	《太平经》	砖文	《太平经》	砖文	《太平经》
第一人称	吾	3	316	3	7	1	160	—	4	—	—
	我	—	26	1	8	—	10	—	4	—	2
	余	—	—	1	—	—	—	—	—	—	—
第二人称	汝	—	18	3	15	1	16	—	1	—	—

二、指示代词

东汉砖文中“其”做指示代词,相当于第三人称,共2例,做定语。

(1)今成氏之家,死者字桃椎,死日时重复年命,与家中生人相拘籍,到,复其年命。(成桃椎朱书陶瓶镇墓文)

(2)离丘别墓,后葬之勿令伐作,各安其所。(胥氏陶瓶镇墓文)

在其他材质的买地券镇墓文中还有2例用作指示代词:

(3)善者陈氏吉昌,恶者五精自受其殃。(陈刻敬瓦缶镇墓文)

(4)黄帝呈下,[水]神玄武其物主者慈石□□建□。(永寿二年陶瓶镇墓文)

他

东汉砖文中“他”做指示代词共6例,可以做主语和定语。

“他”见于先秦,在《汉书》《论衡》中还是无定的指示代词(郭锡良1980)。直到东晋以前,指示代词都是“他”最常见的用法,意思是“别的”。“他”是“它”的俗体字,《说文》:“它,虫也。”段注:“其字或作佗,又俗作他。经典多作它,犹言彼也。”从同时代其他实物俗语材料看,也有用“它”的,如《汉侍廷里父老僤买田约束石券》:“即僤中皆訾下不中父老,季、巨等共假赁田,它如约束。”[①] 但东汉砖文及《太平经》中都未见指示代词“它”。

此

东汉砖文中“此”是使用最多的代词，全表近指，共61例，可做主语、宾语、定语、补语。

东汉砖文中“此”有一种用法不同于现代汉语，提出来讨论。即“此”往往和表示方位的名词“中”“下”组合,构成“此中”“此下”的结构，做介词宾语或句中补语。

（1）元和三年□月七日弘农卢氏完城旦史仲死在此下。（刑徒墓砖文）

（2）永元五年二月七日无任江夏安陆鬼新张仲死此中。（刑徒墓砖文）

（3）□年四月十二日颍川郏完城旦杜伯死在此下。（刑徒墓砖文）

例（1）“此下”做介词“在”的宾语。例（3）（4）“此中”“此下”做补语。

指示处所是指示代词是基本用法之一。在汉语发展的不同历史阶段,指示处所的指示代词有不同形式。上古汉语常见的有“此、兹、是、彼”等。东汉砖文中“此”和方位词“下”“中”构成“此下”“此中”表示处所。

有学者指出表处所的“此中”首见于东汉佛典（陈文杰 1994）。

① 该券书于汉章帝建初二年，即77年。黄士斌《河南偃师县发现汉代买田约束石券》,《文物》1982年第12期。

（4）是故往古诸佛皆生此中，婆拘罗应在此成道，故不生三方后耳。（汉佚名译《分别功德论》卷四）

其实东汉刑徒砖文中就出现“此中”表处所的用法。如例（2）所示，“此中”出自“永元五年”即93年的砖文，从时间上看，比东汉佛典略早。在此后的佛典中“此中”表处所的用法逐渐多见。

（5）我等若当离王少时，命不得存。今欲增长无上正法，炽然法灯，请奉所敕，佛法之益无处不可，何故不于此中受持？（三国吴支谦译《菩萨本缘经》卷下）

（6）我在人间，或见呵责及以鞭打，极受苦恼。今在此中，脱不见骂及以鞭打，独用欢乐。（三国支谦译《撰集百缘经》卷五）

（7）今会大众，一时来集此中，诚胜能为显雅，众人观知为谁胜乎？（西晋竺法护译《普曜经》卷九）

“此中”亦见于中古的中土文献。如：

（8）臣私度陛下未垂明慰者，必以臣质贯穿仁义之道，不行若此之事，谓光所传，多虚少实，或谓此中有他消息，不知臣质构谗见疑，恐受大害也。（西晋陈寿《三国志·吴书·胡综传》）

（9）度洹水南行三由延到一村，名呵梨，佛于此中说法经行坐处，尽起塔。（东晋法显《法显传》）

但是方位词“下”和指示代词“此”组合后共同表示处所的用法据我们掌握的资料，只见于东汉刑徒砖文。共45例。

（10）右部无任少府若卢髡钳尹孝永初元年五月四日物故死在此下。（刑徒墓砖文）

（11）元和三年□月七日弘农卢氏完城旦史仲死在此下。（刑徒墓砖文）

之

东汉砖文中“之”做指示代词共1例，做宾语。

（1）元年八月十日立作之也。（纪年砖文）

东汉其他材质的买地券镇墓文中还有2例“之”做指示代词，做宾语。

（2）若一旦田为吏民秦胡所名有，諪子自当解之。（樊利家买地铅券）

“之”指代前文“田”，即“田地所有权”。“解之”指“解除田地所有权”。

（3）迫佼四时五行，追逐天下，捕取五厉，豖之符昼一制，日夜乘传居署。（永寿二年陶瓶镇墓文）

“五厉”，即“五疠”，是主管瘟疫的鬼神。“豖”通“矢”，施加。

“之”指代“五疠”，做间接宾语。

古汉语中，“之”的这一用法——位于动词后，与另一名词成分同做动词宾语形成双宾语结构——也很常见。如《左传·僖公四年》:“文王将死,与之（申侯）璧,使行。”另外《论语》《庄子》《孟子》这种用法也很常见。

三、疑问代词

东汉砖文中疑问代词只有1个:何。做介词“以”的前置宾语，共出现在两篇砖文中，都是“何以为信”，计作2例。

此外,东汉其他材质的买地券、镇墓文中还有1例疑问代词“何”做介词“以”宾语前置的情况。

何以为真？铅券尺六为真。(王当买地铅券)

在第一章《介词》第二节介绍引进受事对象的介词“以”时已经解释过,“何以……”是介词宾语前置的用法。另当时疑问代词做宾语前置的情况见附录3《试说〈太平经〉中的“何以”与“以何”》一文的分析。

第四章　连词、助词、语气词

由于东汉砖文中连词、助词、语气词的数量较少，所以放在一章中讨论。需要特别说明的是，在描述东汉砖文这几种词性的用法往往同时对比东汉其他几种文献，不再另设章节比较其用法。

第一节　连词

东汉砖文中连词共 4 个，包括用于连接有并列关系的词、短语的“以”,表前后项顺承关系的“故”,表选择的“或”,表转折的“而”。

以

东汉砖文中“以”主要用于连接动词或动词性结构，“以”的运用体现了前后动作行为的关系。这一用法 1 例，后项为前项的目的。

（1）黄帝与河南緱氏□□中华里许苏阿铜□刑宪女会合，神药以镇□冢宅。（元嘉二年陶瓶朱书镇墓文）

例（1）中如果认为“以”后省略动词宾语“之”（指代“神药”）似乎未尝不可，为什么仍然看作连词？据何乐士（1989），介词“以”隐含的代词宾语的最大特点是“隐含代词宾语所代的对象都不在本句之内而在上文中”，“没有紧挨在‘以’前面的”，例（1）中的“以”不符合这样的条件，所以看作连词更合理。

东汉其他材质的买地券、镇墓文材料以及《太平经》中“以”还可连接名词性成分，“以”往往用在上、下、南、北、内等词的前面表示时间、范围等，这一用法在其他古籍中也很常见。

（2）自今以后，不得干［扰］生人。（钟仲游妻木质镇墓文）

（3）四比之内，根生伏财物一钱以上，皆属仲成。（曹仲成买地铅券）

（4）夫人畜金银珍物，多财之家，或亿万种以上，畜积腐涂，如贤知以行施予，贫家乐，名仁而已，助地养形，助帝王存良谨之民。（太平经·卷六十七六罪十治诀第一百三·校 242 页）

（5）天地开辟以来，凶气不绝，绝者而后复起，何也？（太平经·卷一十八至三十四解承负诀·校 22 页）

（6）余暨以南属越，钱塘以北属吴。（论衡·书虚）

故

东汉砖文中连词“故”4 例，用法相同，用在句首，表示上下文的顺承或因果关系。

（1）故为丹书铁券，□及解适，千秋万岁，莫相求索。

（贞松堂残镇墓券）

（2）和以五石之精，安冢墓，利子孙，故以神瓶震郭门，如律令。（初平四年王氏镇墓文）

（3）告上司命、下司禄，子孙所属告墓皇使者，转相告语，故以自代铅人。（建和元年加氏镇墓文）

（4）令故上复除之药，欲令后世无有死者。（张叔敬瓦缶镇墓文）

其他材质的买地券、镇墓文未见“故”的连词用法。《太平经》中“故”的连词用法较常见。如：

（5）今天地阴阳，内独尽失其所，故病害万物。（太平经·卷一十八至三十四解承负诀·校23页）

或

东汉砖文中“或”仅1例，做连词，表示选择关系。

（1）妇加亡方年二十四，等汝名借，或同岁月重复，钩挍日死；或同日鸣重复，钩挍日死。（建和元年加氏镇墓文）

其他材质的买地券、镇墓文未见“或”的连词用法。《太平经》中“或”做连词表选择的用法较常见。如：

（2）凡人之行，或有力行善反常得恶，或有力行恶反得善，因自言为贤者非也。（太平经·卷一十八至三十四

解承负诀·校22页）

而

东汉砖文中“而”做连词2例。

1. 连接前后两项，表转折。1例

（1）不当卖而卖，卒为左右所禁。（刘元台买地砖券）

2. 连接前后两项，表并列。1例

（2）叹曰死者魂归棺椁，無妄飞扬而無忧，万岁之后乃复会。（辽宁盖县东汉墓镇墓砖文）

其他材质的买地券、镇墓文未见“而”的连词用法。《太平经》中“而”做连词的用法常见，可表示顺承、并列、转折等关系。如：

（3）三光行道不懈，故着於天而照八极，失道光灭矣。（太平经·卷一十八至三十四行道有优劣法·校16页）

（4）故守一之道，养其性，在学之也。众中多瑞应者，信人也;无瑞应者，行误人也，占而是非即可知矣。（太平经·卷一十八至三十四名为神诀书·校17页）

（5）本性和而专，得火而散成灰。（太平经·卷一十八至三十四安乐王者法·校20页）

（6）胞胎及未成人而死者，谓之无辜承负先人之过。（太平经·卷一十八至三十四解承负诀·校23页）

第二节 助词

马建忠《马氏文通》第一次明确将助字作为语法学上一个独立的词类划分出来，此后，越来越多的汉语语法学著作、教科书及虚词研究著作也将“助词”单独作为一个词类。古汉语方面的如周秉均《古代汉语纲要》(1981:394—404)，向熹《简明汉语史》(1993:110—121，314—325，455—477)，杨伯峻、何乐士《古汉语语法及其发展》(2001:470—471)等;现代汉语方面的如胡裕树《现代汉语(修订版)》(1995:284—291)，黄伯荣、廖序东《现代汉语》(2002:290—315)等。但学术界目前关于助词的界定及内部分类的意见还不完全一致，而且“近年来似乎有一种这样的倾向，凡是不宜归入其他各类虚词的、功能和用法上比较特殊的辅助词、小品词，就往往被归置到助词中安身。所以可以这么说，现代汉语助词似乎成了汉语词类划分中剩余虚词的收容所，成了一个‘收容“编余”的杂类’”(张谊生 2002:4)。本书仍然参考《古汉语虚词词典》考察描写东汉砖文中的助词。

东汉砖文中助词 3 个:之、所、者，均为结构助词，主要在短语范围内起作用。“之”则位于修饰成分与被修饰成分之间，组成名词性短语。“所”“者”的共同作用是改变原结构的动词性质，形成名词性短语。

之

东汉砖文中“之”做助词共 18 例，全部是“×+之+名”式，“之”连接修饰成分与被修饰成分。“之”前的成分 14 例为名词，3

例为动词，1例为主谓短语;“之”后则全都是名词。现将“之”前各成分列表如下:

表助—1　东汉砖文助词“之”前的成分考察

构成形式 结构类型	名·之·名	动(或“主谓”)·之·名
复合词	大阳之精	复除之药;重复之文
偏正短语	万岁之后;五石之精; 黄神越章之印;加氏之家①	——
主谓短语	——	瓶到之后
并列短语	生死之义;冢墓之根	——
动宾短语	——	拘伍之籍
总计	14	4

可见东汉砖文中助词“之”主要用于“名+之+名”结构中，“动+之+名”结构少见,没有见于其他古籍的“形+之+名”结构。纵观其他古籍,主要用于“×+之+名”结构是助词“之”的特点，其中又以“名+之+名”式最常见。何乐士(1989)考察过《左传》助词“之”的用法，发现用于“×+之+名”式的占助词“之”总数的91%，而“名·之·名”式约占“×+之+名”总数的95%。

“之”前的成分无论是名词性的还是动词性的，一旦通过“之”与后面的名词结合，整个结构就变成名词性的偏正结构，这一偏正结构在句中的作用主要是:

1. 做表时间或范围的状语

(1)叹曰死者魂归棺椁，無妄飞扬而无忧，万岁之后乃复会。(辽宁盖县东汉墓镇墓砖文)

① 镇墓文中有个常见说法是“××之家”,另如“杨氏之家”“张氏之家”,共7例。

2. 做宾语，做动词宾语或介词宾语

（2）和以五石之精，安冢墓，利子孙，故以神瓶震郭门。（初平四年王氏镇墓文）

（3）令故上复除之药，欲令后世無有死者。（张叔敬瓦缶镇墓文）

（4）天地使者谨为加氏之家别解地下后死。（建和元年加氏镇墓文）

3. 做主语

（5）永和五年造作，竭力無余，用庸数千士夫莫不护助，生死之义备矣。（辽宁盖县东汉墓镇墓砖文）

（6）大阳之精，随日为德，利以丹沙，百福得。（户县县医院陶瓶朱书镇墓文）

4. 做定语

（7）天帝使者告张氏之家三丘五墓，墓左墓右，中央墓主，塚丞塚令，主塚司命，魂门亭长。（张叔敬瓦缶镇墓文）

所

东汉砖文中助词“所”共4例，分为两种结构讨论。

1. “所+动（宾）”结构

用于“所+动”结构的有2例，“所”做结构助词，与动词短语构成“所”字结构，“所”的作用是改变动词的性质使它具有名词的功能。

（1）告上司命、下司禄，子孙所属告墓皇使者，转相告语，故以自代铅人。（建和元年加氏镇墓文）

东汉另外一篇铅质买地券中还有1例相似用例。

（2）即欲有所为，待焦大豆生、铅券华荣、鸡子之鸣，乃与□神相听。（王当买地铅券）

例（1）动宾短语“属告墓皇使者”与“所”结合后成为名词性结构，表示“属（嘱）告”的内容。刘昭瑞（1992）的断句做“告上司命、下司禄，子孙所属，告墓皇使者，转相告语，故以自代铅人”，意思不通，推敲“属”的意思及“所”的用法会发现，将“子孙所属告墓皇使者”断为一句较为合理。

2．“为……所……”结构

东汉砖文中从形式上可归为“为……所……”结构的有1句：

（3）不当卖而卖，卒为左右所禁。（刘元台买地砖券）

例（3）是典型的“为……所……”式被动句。第一章《介词》介绍引进对象的介词“为”时已有论述。“为”是介词，引进施动者，“所”是助词，在这种句式中意义已经虚化，标志表被动的动词的同时，加强被动语气。

者

东汉砖文中“者”共16例，全部用作结构助词。主要作用是附在谓词性成分（包括动词和形容词）后面，组成名词性短语。材料的性质使然，“者”字结构较为简单——“动词＋者”13例，“形容词＋者”2例，“名词＋者”1例。就功能而言，“者”字结构做主语11例，做宾语4例，还有1例做兼语。

1.“动词＋者”的13例中，有1例为双音节动词加“者”

（1）为冢时临知者刘元泥、枕安居，共为券书，平执。（刘元台买地砖券）

有11例为单音节动词，如：

（2）天帝使者□董摄录佰鬼，名字无合得桃亡，近□行远得生。（永寿二年陶瓶镇墓文）

“临知者”“天帝使者”都做主语。

最后1例为“后死者”，动词“死”受状语修饰后又与“者”结合。

（3）别解张氏后死者句（拘）伍重复。（长安南李王村汉墓镇墓文）

“后死者”做宾语。

2.“形容词＋者”仅2例

（4）善者陈氏吉昌，恶者五精自受其殃。（陈刻敬瓦

缶镇墓文）

“善者”“恶者”做主语。

3. “名词 + 者”1 例

（5）黄帝呈下，[水] 神玄武其物主者慈石□□建□。（永寿二年陶瓶镇墓文）

例（5）原砖文缺字较多，难分辨意义，无法分析“者”字结构的功能。

第三节　语气词

东汉砖文中语气词 1 个：也。6 例。

（1）罗妇张老葬也。（记名砖文）

（2）牛头也，曹□。（记名砖文）

（3）永加（嘉）元年八月十日立作之也。（纪年砖文）

（4）王复汝使琖人作此大壁，径冤琖人不知也，但持汝属仓天乃死当□□。（曹氏宗族墓砖文）

（5）蝩蝗所中不得自废也。（曹氏宗族墓砖文）

“也”位于陈述句句末，加强语气。

《太平经》中放在句末加强肯定语气，也是语气词“也”的常见用法。

（6）天地开辟以来，凶气不绝，绝者而后复起，何也？夫寿命，天之重宝也，所以私有德，不可伪致。（太平经·卷一十八至三十四解承负诀·校22页）

（7）力行善反得恶者，是承负先人之过，流灾前后积，来害此人也。（太平经·卷一十八至三十四解承负诀·校22页）

下编　语法散论

第一章　东汉俗语文献行为处所表示法探索①

古汉语中关于行为处所有不同的表达方式。已有研究成果表明，处所词可以直接放在动词后做宾语，也可以由介词引出（杨伯峻、何乐士 1992:87）;处所词由介词引进时，“介 + 宾”大多数位于动词之后，但汉代以后“介 + 宾”位于动词之前的情况逐渐增多（同上，421）。笔者认为，行为处所表示法的这种变化，应当在最能反映实际用语面貌的通俗文献材料中体现出来。东汉时期比较能反映民俗实用语言的首推砖文材料，但因为砖文材料数量较少，可能不足以反映当时的语法面貌，所以笔者同时调查了和砖文内容密切相关的各种材质的买地券、镇墓文以及成书于东汉后期的早期道教经典《太平经》。这些材料反映的大多为底层民众生活及情感，用语通俗，有较鲜明的口语化色彩，能真实地反映当时的语言面貌和语法现象，有助于为语言研究提供信实依据。经调查，东汉民俗使用语言中表示行为处所的方法较为丰富而多

① 已发表于《科学管理研究》2007 年第 2 期。

样，用不用介词引进，介宾结构位于动词前还是动词后等都有多种类型，不同的动词和不同的介词则体现了区别。下面分类加以说明。

（一）同一个动词的处所，或用介词引进或不用

（1）县官敢告东方吏事，生於甲乙，谋议欲来。（刘孟陵镇墓文）

（2）生人入成，死人生郭。（郭氏镇墓文）

以上例句表示动词“生”的处所时，一处用介词“於”引进，一处不用介词而直接将表示处所的词放在动词后面。《太平经》中也不乏这样的用例：

（3）夫神生於内，春，青童子十；夏，赤童子十；秋，白童子十；冬，黑童子十；四季，黄童子十二。（太平经·卷一十八至三十四悬象还神法·校22页）

（4）夫人神乃生内，返游於外，游不以时，还为身害。（太平经·卷一十八至三十四以乐却灾法·校13页）

（5）人生於天地之间，其本与生时异事，不知其所职者何等也，故孝子事之宜以本，乃后得其实也。（太平经·卷三十六事死不得过生法·校53页）

（6）今人生天地之间，会当得室庐以自盖，得井饮之，云何乎？”（太平经·卷四十五起土出书诀·校120页）

例（3）（4）同用单音表方位的名词“内”表示处所，但一例用介

词引进表示处所的成分，一例不用。例（5）（6）同用方位短语“天地之间”表示处所，但一例用介词引进表示处所的成分，一例不用。可见用来表示处所的不管是单音表方位的名词还是方位短语都可以采用两种表达方式，即表示处所的成分可用介词引进，也可不用。

再如东汉砖文中还有类似用例：

（7）作坯从此北。（曹氏宗族墓砖文）

（8）公丈作此北。（曹氏宗族墓砖文）

（9）永元五年二月七日无任江夏安陆鬼新张仲死此中。（刑徒墓砖文）

（10）无任河南於陵完城旦李寿延光三年十二月十五日死左部。（刑徒墓砖文）

（11）左部无任东郡濮阳完城日夏侯当延光四年九月一日物故在此下。（刑徒墓砖文）

（12）元和三年□月七日弘农卢氏完城旦史仲死在此下。（刑徒墓砖文）

例（7）、例（8）同以“此北”表示处所，前句用介词“从”引进，后句未用。例（9）到例（12）的动词都表“死”意，前两句直接将表示处所的成分放在动词后面，而后两句动词“死”的处所由介词“在”引进。

还有一种情况是，东汉砖文中介绍处所时，动词和处所之间未用介词，而《太平经》中用介词。如：

（13）死人归蒿里。（甄谦买地砖券）

（14）有病自归於天，可省资费，无为大烦。（太平经·卷一百十四病归天有费诀·校615页）

以上两句动词都是“归”，但是前句直接用在处所名词之前，后句用介词“於”引进处所名词。东汉砖文和《太平经》中不止一个动词出现这种情况，即同一个动词的处所，砖文中不用介词引进，而《太平经》中用介词引进，如：

（15）生自属长安，死人自属丘丞墓。（延光元年镇墓文）

（16）东、南上属於天，故万物生皆上行，蚑行人民皆出处外也，属於天。（太平经·卷六十九天谶支干相配法·校615页）

（二）同一动词的处所由不同的介词引进

（17）县官敢告东方吏事，生於甲乙，谋议欲来。（刘孟陵镇墓文）

（18）章者，大明也，故文生於东，明於南。（太平经·卷六十九天谶支干相配法第一百五·校263页）

（19）故人象天为行，以东南种而生之。（太平经·卷一百三十七至一百五十三·校701页）

（20）元和三年□月七日弘农卢氏完城旦史仲死在此下。（刑徒墓砖文）

（21）天不欲盖，地不欲载，凶害日起，死于道旁，

或穷於牢狱中，戮其父母，祸及妻子，六属乡里皆欲使其死。（太平经·卷六十七六罪十治诀第一百三·校242页）

（22）刑祸者，主伤主杀，故物伤老衰於西，而死於北。（太平经·卷六十五兴衰由人诀第一百一·校231页）

例（17）中表示动词“生”的处所时，东汉镇墓文中用介词“於”引进，而《太平经》中除了用“於”外，还可用“以”[例（19）]。例（20）引进动词“死”的处所时，东汉砖文中用介词“在”，而《太平经》中一般用“於”，也用“于”。可见在上例中，表示动词的处所时，用或不用介词引进并无差别。

马建忠（1983:97—98）曾指出：“史籍中记所在之地与所至之地，间无介字为先”，是说史籍中表示动作发生及终到处所时，一般在前面用介词引进，但有时处所名词前也可不出现介词。吕叔湘（1998:543）指出“古汉语里最常用的介词是‘於’，可很多地方这个‘於’字可用可不用。”吴国忠（1989）将这称为“於”在使用上的“随意性”。

表下编—1　东汉砖文中表示动词的处所时，对于介词的使用情况

	生	死	至	归	属	上	就	行	入	立	筑	作	尽	到	来	在	总计
用①	5	45	—	—	—	—	—	—	—	—	—	1	—	—	1	—	52
不用	3	3	3	6	5	4	2	2	2	1	1	1	1	1	—	1	36

由上表可以看出，东汉砖文中由介词引进行为处所共52例。这52例的次数虽然较多，但只涉及4个动词。而不用介词引进为

① “用”指用介词介引行为处所，“不用”指不用介词介引行为处所。

36 例，句中涉及的动词更丰富。具体来说，东汉砖文中表处所时动词“生”“死”大多要由介词引进;而其他动词则以不用介词引进为常。

另外砖文中用介词引进动词处所时，“介・宾”结构全都位于动词后面。

那么这是否代表了当时的普遍规律？用与不用到底哪种表达方式更常见？如果用介词引进处所，那么介词短语与动词的位置关系又是怎样的？为此，笔者从《太平经》中挑选了“生、死、著、归、至、来、属、起、发、作、立”11 个动词，全面调查分析了它们与表处所成分的关系，以期更全面揭示当时俗语文献中关于行为处所的表达情况。

表下编—2 《太平经》中表示动词的处所时，介词的使用情况

	生	死	起	发	著	归	属	至	来	作	立	总计
用介词	27	12	17	1	14	8	1	1	3	9	1	94
不用介词	8	0	3	2	39	36	43	19	0	0	1	151

表下编—3 《太平经》“介・宾”结构与动词的位置关系

	生	死	著	归	至	来	属	起	发	作	立	总计
介词在动词后	23	12	14	8	1	3	1	14	1	9	1	87
介词在动词前	4	0	0	0	0	0	0	3	0	0	0	8

由表下编—2、表下编—3 可以发现：

在调查的 11 个动词中，“生、死、著、归、属、至、来、起、发”9 个是不及物动词，表示它们处所的情况不同。

1. “生、死、起、发”四个动词都有从某处开始动起之意

《古汉语语法及其发展》中认为这些动词都有“从宾动”之

意（杨伯峻、何乐士 1992:534），除了“发”用例少且用与不用介词比例相当外，“生”“死”“起”以用介词引进处所为常。可见这几个表“从宾动”之意的动词，以用介词引进行为处所为常。

2.“至、来”带有趋向性

后边的处所词一般表示终到处所，“至”一般不用介词引进处所，而“来”在《太平经》中的3例，东汉砖文中的1例都用介词引进，但其他文献中也有不用介词引进处所的情况：

（23）有女子素衣来岸上。（搜神记后记）

（24）使人招犀首，已逃诸侯矣。（韩非子·外储说右上）

例（24）中“逃诸侯”意思是逃到诸侯（别国），“诸侯”在此处表处所。正如《古汉语语法及其发展》所指出的：有时“动宾”表示“动+向（到）+宾”之意，动词大多带有趋向性。

3.“著、归、属”一般将表处所的成分直接放在动词之后

4. 在调查的11个动词中，“作、立”是及物动词，表示处所的情况也不尽相同

第一，《太平经》中涉及“作”的处所共9例，全部用介词引进。《太平经》中涉及到“立”的处所共2例，用介词引进1例，不用介词引进1例。

东汉砖文及《太平经》用介词引进“作”“立”的处所共10例，“作”都带有受事宾语，处所放在动宾结构之后共9例。如：

（25）作坯从此北。（曹氏宗族墓砖文）

（26）吾居天上观之，有可睹见，不空妄作此皇平之宅於四达道上也。（太平经·卷八十八作来善宅法第一百二十九·校334页）

（27）比若万物终死於亥，乾因建初，立位於天门，始凝核於亥，怀妊於壬成形。（卷九十三国不可胜数诀第一百三十九·校390页）

只有1例处所放在动宾结构之前：

（28）天师何睹，正於都市四达道上为太平作来善文奇策密方之室乎？（太平经·卷八十八作来善宅法第一百二十九·校334页）

例（28）中“来善文奇策密方之室”意思是“吸纳善文、奇策和密方的室宅”，为“作”的宾语，介词“於”引进处所放在动词之前。可见，“介·宾”一般放在动宾结构之后做补语。引进处所的介词是“於”，“‘於·宾’大多位于动词之后表示‘在’意”，“表处所的‘於·宾’位于谓语前者，在先秦时很少见到，汉以后逐渐增多”（杨伯峻、何乐士1992:422）。

第二，在所调查的《太平经》及买地券的动词中，及物动词只有“立”有2例不用介词处所，两例中“立”都带受事宾语：

（29）故为其立宅道上，使其投异辞善奇策殊方

於其中也。（卷九十一拘校三古文法第一百三十二·校348页）

（30）券书明白，故立四角封界。（甄谦买地砖券）

例（29）中处所放在受事宾语“宅”之后，而例（30）中，“立”带有受事宾语“封界”，表处所的“四角”放在受事宾语之前，相当于“立封界於四角”之意。

古汉语中表处所的成分“一般在受事宾语之后做远宾语”（同上，565）。

（31）诱子华而杀之南里。（左传·宣公三年）

（32）蹲乎会稽，投竿东海。（庄子·外物）

（33）夫人置儿绔中。（史记·赵世家）

像例（30）中将表处所的成分（“四角”）放在受事宾语（“封界”）前做近宾语的情况不多见。

而表处所的宾语做近宾语时，常以代词“之”代替。如：

（34）昔我先君桓公与商人皆出自周，庸次比耦以艾杀此地，斩之蓬蒿藜藿而共处之。（左传·昭公十六年）

（35）树之林以为阻固。（周礼·夏官）

综上所述，根据东汉砖文、各种材质的买地券、镇墓文及《太平经》等俗语文献可见，当时表示行为处所时，用或不用介词引进在表意上并无差别。用还是不用介词引进处所，各个动词的情况并不相同。而“介·宾”位于动词之前还是位于动词之后则看各个介词的使用规律而定，如“从·宾”一般位于动词之前，而“於/于·宾”一般位于动词之后。

第二章　东汉砖文及《太平经》引进处所介词“在”的使用情况

关于“在”字介词用法产生的时代，学界的观点在不断修改。郭锡良（1997）曾提出，真正的介词“在”到汉代才产生，汉以后“在”成为介词“於（于）”的主要替代者。但后来喻遂生（2002）指出，甲骨文中“在”已经用为介词。张赪（2002:10）广泛调查先秦文献，也指出先秦时期“在”的介词用法已出现。

引进处所也是介词“在”的重要用法，这一用法最早见于哪个时代？喻遂生（2002）认为，甲骨文中“在”用作介词主要表对象，引进处所和时间的大部分用例仍可看作动词。张赪（2002）广泛调查先秦文献的介词“在”，也主要针对“在”引进处所的用法。根据目前的调查，学界倾向于认为先秦时期“在”字引进处所的介词用法已经出现。关于这一用法“在”的使用情况，调查最全面的是张赪，从先秦到明代，可以说各时期的代表性语料和文献都做了详细调查。其他学者在研究中也多有涉及，如刘春凤（2005）调查过《论衡》及东汉佛经中“在”引进处所的用法。徐朝红（2005）调查过南朝宋求那跋陀罗汉译佛典中“在”的使用情况。这些研究很好展示了引进处所介词"在"的发展过程。但是东汉的两种语料引进处所介词"在"的使用情况，学界似乎注意得还不多，即出土实物语料东汉砖文及传世的道教典籍《太平经》。鉴于此，笔者对这两种材料中引进处所介词"在"的使用情况做出调查，以期为汉语史研究提供一点参考。

（一）东汉砖文

如前所述，目前所见的东汉砖文中"在"引进处所共45例，全部出自刑徒墓砖文。

（1）元和四年三月□日六安舒鬼新犂错死在此下。（刑徒墓砖文）

（2）左部无任东郡濮阳完城日夏侯当延光四年九月一日物故在此下。（刑徒墓砖文）

（3）右部无任少府若卢髡钳尹孝永初元年五月四日物故死在此下。（刑徒墓砖文）

所有东汉刑徒墓砖文中，使用介词"在"的动词主要是两个：死、物故。"物故"与"死"意义相同，都是"死亡"义。指示代词"此"和表方位的名词"下"组成方位短语"此下"，充当介词宾语，表示"死"发生的处所。

东汉砖文中，介词"於"也用于引进处所，共5例。

（4）县官敢告东方吏事，生於甲乙，谋议欲来。（刘孟陵镇墓文）

介词“於”引进处所的用法见于同一篇镇墓文中，所在的句式也相同，引进动词“生”的处所，另外4例分别为“生於丙丁”、“生於庚辛”、“生於壬癸”、“生於戊己”，指生于哪个方位。

在东汉砖文中，引进处所时用介词“在”的用例远远超过“於”。

（二）《太平经》

据笔者统计，《太平经》中“在”做介词引进处所20例，且有13例介引动词“转”的处所。例如：

（5）始萌於北，元气起於子，转而东北，布根於角，转在东方，生出达，转在东南，而悉生枝叶，转在南方，而茂盛，转在西南，而向盛，转在西方，而成熟，转在西北，而终。（太平经·卷四十分解本末法第五十三·校76页）

（6）恶能自悔，转名在善曹中，善为恶，复移在恶曹，何有解息？（太平经·卷一百一十善仁人自贵年在寿曹诀第一百八十二·校552页）

而《太平经》中介词“於”引进处所共261例，“于”引进处所4例。

可见在《太平经》中“於”仍是最常用于引进处所的介词。《太平经》中的“在”主要用作动词，用作引进处所的介词不是“在”的主要用法。

如前所述，关于引进处所介词“在”的使用情况，从先秦直到宋元的很多文献，学者做过详细调查。根据张赪（2002:41）的调查分析，先秦时期引进处所的介词主要是“於”，占了引进处所介词用例的绝大部分，“由、从、在”只有零星用例。西汉时期“在”的用例仍然很少（张赪 2002:13），“在”只占引进处所介词总数的 0.1%（同上，47）。到了东汉，介词“在”引进处所的使用频率有了提高，《论衡》中“在”占了引进处所介词总数的 4%，东汉佛经中占 12%，佛经中的变化体现得很明显（同上，47）。魏晋南北朝时期“在”的使用频率大大提高，非佛经类文献中“在＋处所”的用例占引进处所介词词组的 14%，佛经类文献中这一比率为 16%，认为“在”已经迅速而广泛地使用开来（同上，79）。到唐五代，“在”引进处所占引进处所介词词组总用例的 18%，比魏晋南北朝时期略有提高（同上，129）。到了宋代，“在”的使用频率进一步提高，在引进处所的介词中，“在”成为除“於”之外最常用的介词（同上，181）。到了元明时期，在引进处所的介词中，“在”成为使用最多的介词，在各类文献中均有大量用例（同上，218）。可见，引进处所的介词，总体上呈现“在”替代“於”的趋势。而且自东汉以来，“在”的用例在不断提高。

就笔者调查的两种材料来说，从时间上看，迄今所见的东汉刑徒砖文，年代最早的是永平五年（62），最晚的是熹平元年（172）。和《论衡》的年代大致接近。[①]《太平经》为东汉道书的合集，时间跨度较大，大约成书于东汉后期（李刚 1993;刘昭瑞 1992）。

为了更好地体现前文所言介词“在”引进处所的用例不断增多，逐渐取代“於”的趋势，同时更好观察东汉砖文和《太平经》中这一用法“在”的使用情况，现将各时代文献中“於”“在”的使用情况列表进行对比。因为西汉之前“在”的用例极少，而自

① 《论衡》一书为东汉王充（27—97）所作，大约作成于汉章帝元和三年（86）。

东汉开始，“在”的用例不断提高，所以列出东汉至元明时期文献中的使用情况。

表下编—4　东汉至元明时期文献中引进处所介词“於”和“在”使用情况对照表

介词	东汉			
	东汉砖文	《论衡》①	《太平经》	东汉佛经②
於	5	981	261	226
在	45	47	20	60
於:在	100:900	100:5	100:8	100:27

介词	魏晋南北朝		唐五代	宋	元明时期
	非佛经类文献	佛经类文献③	《敦煌变文集》等文献④	《近代汉语语法资料汇编》《朱子语类》⑤	《近代汉语语法资料汇编》《金瓶梅》⑥
於	479	441	738	820	153
在	100	130	353	637	773
於:在	100:21	100:30	100:48	100:78	100:505

---

① 《论衡》的统计数据引自张赪（2002:71）。刘春凤（2005）统计结果有所不同。据刘文统计（第10—19页），《论衡》中引进处所的介词“於”807例，“在”71例。

② 此为张赪根据东汉七种佛经材料得出的统计数据。另刘春凤（2005:10—19）据东汉34种佛经统计的结果是，“於”857例，“在”309例，比率为100:36。

③ 张赪调查的魏晋南北朝佛经类文献包括《贤愚经》《杂宝藏经》，非佛经类文献包括《洛阳伽蓝记》《搜神记》《颜氏家训》《世说新语》。

④ 张赪调查的唐五代时期文献包括《敦煌变文集》《王梵志诗》《祖堂集》等。

⑤ 据张赪（2002:215）。

⑥ 据张赪（2002:231）。

从上表中可以看出，东汉以来，介词“在”引进处所的使用频率不断增多，到元明时期，“在”的用例超过“於”，成为引进动作发生处所使用最多的介词。本文调查的两种材料中，《太平经》中“於”与“在”的比例和《论衡》中的相近，同先秦和西汉时期的文献相比，“在”的用例有了很大提高，引进处所介词“在”的使用较符合上述规律。

但是东汉砖文中，“在”的使用频率大大超过“於”，甚至比元明时期“在”的使用比例还高，看上去非常特殊，这是什么原因呢？前文已经提到，东汉砖文中“在”引进处所的用例全部出自刑徒墓砖文，虽然有45例，却出自同一句式，材料并不具广泛代表性。而且据有纪年的刑徒砖文看，从东汉永平五年到熹平元年一百多年的时间内，刑徒砖文固定用“在”引进处所，可能是特定语料习惯说法的缘故。如果据此判断至此时，在某些口语中也许“在”已经占了优势，似乎还不雄辩。

第三章　东汉墓志材料中的同义连用

同义连用指出于强调、渲染、调剂音节等需要，将两个或两个以上意义相同或相近的词语临时组合在一起，表达一个整体意义（郭锡良、李玲璞 1992:834）。学者很早就注意到这种现象，孔颖达在《五经正义》中提到"复语""连言""字重""重言"，都指同义连用。王引之在《经义述闻》中则称这种现象为"平列二字上下同义"或"连言"。后来如王若虚称为"字语冗复"，另如"语义复现"（王卯根 1999）、"迭架现象"（王海棻 1991）、"三字连文"（王敏红 2004）、"同义并列复用"（夏雨晴 2003）等，不一而足，所指基本是同一现象。

先秦文献中就出现了"同义连用"用法。《诗经·周颂·我将》："仪式刑文工之典、日靖四方。"朱熹《诗集传》："仪、式、刑，皆法也。"《楚辞·离骚》："览相观於四极兮，周流乎天余乃下。"《左传·襄公二十一年》："缮完葺墙，以待宾客。"但先秦时期较为罕见。"到西汉后，数量明显增多"（王敏红 2004），如《史记·滑稽列传》："至今皆得水利，民人以给足富。"

至进入东汉魏晋南北朝的中古时期，汉语复音化迅速发展，各种文献，尤其是一些口语色彩较浓的中土文献和汉译佛经大量涌现同义连用的现象（王敏红 2004）。笔者在考察东汉砖文材料及相关墓志材料时发现，其中也有“同义连用”的用法。而这种用法主要体现在刑徒砖文及买地券、镇墓文中，这里统一称作“墓志材料”。考察发现，这些墓志材料中的“同义连用”用法较单一，主要有两种情况。

（一）“物故”与“死”连用

双音节动词“物故”与单音节动词“死”连用，是东汉砖文中常见的一种同义连用现象。如：

（1）无任河南雒阳髡钳赵巨元初六年闰月四日物故死。（东汉刑徒砖文）

（2）右部无任少府若卢髡钳尹孝永初元年五月四日物故死在此下。（东汉刑徒砖文）

如前文所述,此处“物故”与“死”意义相同,属于“同义连用”。据笔者调查，东汉砖文中这种连用现象共出现 45 例，都出现在刑徒砖文中。

虽然东汉砖文中只有“物故死”一个用例，但从同时代的道教典籍《太平经》来看，此类同义连用并不少见。据统计，《太平经》中仅三音节的同义连用（三个单音词同义连用，或者一个单音词加一个双音词）就有 151 个。如：

（3）子尚不覩，夫俗人蔽隐藏要道德，反使其君愁而苦愚暗，咎在真道德蔽而不通也。（太平经·卷六十七六罪十治诀第一百三·校 259 页）

（4）腹神去不在，令人腹中央甚不调，无所能化也。（太平经·卷十八至三十四阙题［二］·校 27 页）

例（3）中，“蔽”和“隐藏”同义，例（4）中，“去”就是“不在”。

从词性看，《太平经》中的三音节同义连用，名词、动词、形容词都有，而和“物故死”类似的由一个单音节词和一个双音节词构成的同义连用现象有32例（王敏红2004），可见这在当时是一种常见的语言现象。

（二）“莫不”与“皆”连用

另一种同义连用并不是砖质材料中的用例，是一篇木质镇墓文中的用例。因为内容相关，放在此处讨论，是表示总括的“莫不”和“皆”的连用。如：

（5）直闭黄帝告丘丞墓伯、地下二十石、墓左幕右、主墓狱史、墓门亭长，莫不皆在。（钟仲游妻木质镇墓文）

句中“丘丞墓伯、地下二十石、墓左幕右、主墓狱史、墓门亭长”是兼语，既做动词“告”的宾语，又做“莫不皆在”的主语。否定词“莫”与“不”构成双重否定，表达肯定的意思，表示主语范围无一例外，而范围副词“皆”对主语表示总括。“莫不”与“皆”表意相同，从修辞上说，属于同义连用。

“莫不”为什么能和表总括的范围副词“皆”并列使用，这种用法应该怎样解释？

周生亚（1964）指出“莫”是表范围的否定副词，因为“就意念上说，它（莫）构成了对它前面的主语所体现范围的一种全称否定”，那“莫不”自然就是“莫”的相对格式。据考察，古汉语中与“莫×”相对的格式不止“莫不×”式，还有“皆×”式。

东汉典籍中的丰富用例可以证明，表示与“莫×”相反的情况，有时用“莫不×”，有时用“皆×”。例如：

（6）洞者，其道德善恶，洞洽天地阴阳，表里六方，莫不回应也，皆为慎善，凡物莫不各得其所者。（太平经·卷四十一件古文名书诀第五十五·校87页）

（7）自然守道而行，万物皆得其所。（太平经·卷一十八至三十四安乐王者法·校21页）

（8）万物莫不随盛德乐窥於天地而生，时德居庭。（太平经·卷四十四案书明刑德法·校107页）

（9）盛德时在外道巷，故万物皆出居外也。（太平经·卷四十四案书明刑德法·校107页）

例（6）与例（7）句式相似，主语几乎相同，谓语都是“得其所”，但主语范围或用“莫不”总括，或用“皆”总括。《太平经》中类似的例子很多，如例（8）与例（9）主语同为“万物”，主语范围一用“莫不”总括，一用“皆”总括。

（10）二世皇帝势为天子，富有天下，人迹所至，舟楫所通，莫不为郡县。（淮南子·兵略训）

（11）田中有伏尸，即□男当做奴，女当作婢，皆当为仲成给使。（曹仲成买地铅券）

以上两句语动词都是“为”，句型相似，但主语范围或用“莫不”或用“皆”总括。可见“莫不”与“皆”表意相同。

有的句子“莫不”“皆”在形式上不直接连用，而出现在两个分句中，如：

（12）四方闻其善，莫不遥为其悦喜，皆乐思象之也，因相仿效，为帝王生出慈孝之臣也。（太平经·卷四十七上善臣子弟子为君父师得仙方诀第六十三·校135页）

例（12）为了避免重复，前后分句分别用“莫不”“皆”总括主语范围，两者呼应，足见其表意相同。

着眼于“皆”，又可以发现它的否定形式除了“皆不×”外，还有“莫×”式。如：

（13）石成子曰：师败矣。子不少须，众惧尽。子丧师徒何以复命？皆不对。（左传·成公二年）

（14）生气着人身，皆不相去。（太平经·卷一百十四不用书言命不全诀·校613页）

此处的“皆不”可换成“莫”，《左传·昭公五年》有“大夫莫对”的说法，可与例（13）相印证。

可见例（5）的“……莫不皆在”中，“莫不”是表范围的否定副词“莫”的相对格式，作用同范围副词“皆”一样，表达了对主语范围的总括。而“莫不”与“皆”联合使用，共同表达肯定的意思，正是古汉语中的一种修辞表达现象——同义连用，总括范围的共同作用是“莫不”与“皆”连用的基础。

虽然这一用法东汉砖文材料中仅见一例，但从同时代的《太平经》中可以看到，东汉语言中这种修辞现象并不罕见。经笔者统计，

《太平经》中“莫不”与表总括的范围副词相邻并列的形式共14例，包括“莫不皆”1例，“莫不共”3例，“莫不俱”2例，“莫不毕”2例，“莫不悉”2例，“莫不尽”3例。例如：

（15）太和之气日自出，而大兴平，六极同心，八方同计。所治者若人意，莫不皆回应而悦者。（太平经·卷五十六至六十四阙题［三］·校216页）

（16）用力强梁，其死皆不得用道理。人莫不共知之，而自易不为善，污先人之统，负於后生之子，遂见字为凶贼人之类也。（太平经·卷六十七六罪十治诀第一百三·校167页）

（17）凡人莫不俱好德化而为善者也。（太平经·卷六十七六罪十治诀第一百三·校242页）

（18）三为数度者，积精思还自视也，数从发下至足五指，分别形容，身外内莫不毕数。（太平经·卷七十一真道九首得失文诀·校282页）

（19）天应其行，祆恶灾害之属莫不悉去。（太平经·卷一百十五至一百十六·校643页）

（20）以一况十，十况百，百况千，千况万，万况无极，众贤共计，莫不尽得。（太平经·卷一百十五至一百十六某诀第二百四·校632页）

同义连用是古汉语中一种普遍的修辞表达现象，从《诗经》先秦诸子的著述，一直到《史记》都可见到。《太平经》中的丰富用例则证明东汉文献中这种修辞形式同样是一种常见的语言现象，那么在砖文这些俗语文献中见到此类用法也就不足为奇了。

关于同义连用的成因，以往学者多有论述。张世禄（1981）最早对同义连用产生的原因进行探讨。他认为“同义为训”与“同义并行复合词”的产生密切相关，训诂上训释词和被训释词之间的同义关系是构成许多同义并行复合词或同义联合结构产生的原因之一。徐流（1996）认为：“周秦之际，汉语词汇由单音节向双音节转化，在双音节同义复用产生后，多音节同义并列复用这种复用词汇现象受双音节同义复用的影响也在这个潮流中涌现。”董志翘（1999）则认为：“……抑或当时为了文句音节上的需要而迭用；抑或为了同义互注，以便确定词义。”宋积良（2008）以《国语》《史记》中的同义连用为例，从字形、语音及语义三方面探讨了同义连用形成的机制与原因。另外，王敏红（2004）在考察《太平经》的基础上，提出同义连用现象的形成，首先是汉语复音化的产物，其次是语意表达及行文修辞的需要。综合各位学者的研究成果，以东汉文献《太平经》为参照，我们认为：

第一，同义连用跟汉语词汇的复音化趋势有关。汉语在复音化过程中除向双音节转化外，还有三音节，甚至四音节、五音节。例如《太平经》中不仅有大量的双音节语词，还有数量不少的多音节语词。只不过双音节是主流，随着双音节发展的规范、成熟，多音节由于不符合人们的语用习惯而渐被淘汰。故多音节同义连用可以说是汉语双音化过程中的副产品，它的产生、发展与被淘汰出局是汉语发展的必然结果。

第二，为了加强表达效果，是修辞的需要。有时候一个单音节词或双音节词尚未能完整地表达语义，需要进一步补充说明。如《太平经》卷三十五《分别贫富法第四十一》：“又子者年少，力口强有余。父母者日衰老，力日少不足也。”其中“少”语义未足，加“不足”补之，更有力地证明“父母者日衰老”。《太平经》卷七十三《阙题》:“其念常与凡人殊绝异，朝夕未常念地上，欲闻天事也。”“殊”语义未足，加“绝异”增补。

第三，为了凑足音节。《太平经》卷十八至三十四《和三气兴帝王法》:“伤地之心,寡妇在室,常苦悲伤,良臣无从得前也。”《太平经》卷一一〇《大功益年书出岁月戒第一百七十九》:“故复思念，不失我心，切但恐怖，不敢自安。”例中“苦悲伤”“复思念”“但恐怖”皆凑合音节，使句式有整齐之美。

樊利家买地铅券

东汉时除砖文材料、《太平经》外，同义连用现象在《论衡》《潜夫论》等文献中也多有出现。

正确认识这一语法现象也有利于提高释读的准确性。吴天颖（1982）在文章中引用《樊利家买地铅券》时，有一句作“田比根土著，上至天，下至黄，皆并”。此券原著录《贞松堂集古遗文》卷十五,“上至天，下至黄”后一句罗氏摹本作“皆□□行”,并非“皆并”。由于原件现藏日本中村书道博物馆，所以无法从原件考察。从摹本看（见附图版摹本“樊利家买地铅券”），“皆”下应 不止一字。从语法角度看，若为“皆并”，则此处大致可看作范围副词的同义连用。学者对现有语言材料中范围副词的同义连用现象多有研究，但尚未发现范围副词做谓语的情况（侯良瑗 1987），笔者考察了《太平经》的用法，亦未发现有范围副词做谓语的用法，所以此处释作“皆并”不可信，其他东汉砖文材料中亦未见单音范围副词同义连用作谓语的用法。

第四章 东汉刑徒砖文句式考察

东汉时曾有大批不同罪名、年限的刑徒从各地被政府征调至都城洛阳及周围地区（即今河南偃师县）从事劳役。死后下葬时墓中埋有墓砖，刻写死者姓名、死亡日期、生前狱所所在的郡县，等等，这就是大批刑徒墓砖文的由来。[①]东汉刑徒砖文一般注明死者名籍、身份、卒年，有些还加注此为尸骨所在，似为迁葬认尸所用（赵超 2001）。刑徒文均刻写于建筑用残砖上，临时仓促刻成，行文较为简单。笔者共收集 119 篇刑徒砖文[②]，现在选取内容完整清晰的砖文 77 篇[③]进行句式考察。内容完整指刑徒的部属、狱所名或狱所所在郡县名、身份、刑名、姓名等以及死亡日期、结语等都刻写清楚。

一、东汉刑徒砖文的常见结构类型

兹将内容完整的 77 篇刑徒砖文分成四种常见结构类型：

---

① 参见《东汉洛阳城南郊的刑徒墓地》一文。

② 详见本书附录 3“记墓砖文”的前 119 项。

③ 详见本章末“所选结语完整的刑徒砖文 77 篇”。

（一）死亡日期＋××“死”

“××”代表刑徒的部属、狱所名或狱所所在郡县名、身份、刑名、姓名等，或都包括，或只包括其中几项）28例。如：

（1）蜀郡江原完城旦□米代□永平五年八月二日死。

（二）死亡日期＋××“物故”

一共有8例。如：

（2）南阳完□旦黄□永元六□三日物故。

（三）死亡日期＋××“死在此下”

一共有17例。如：

（3）元和三年□月七日弘农卢氏完城旦史仲死在此下。

（4）□年四月十二日颖川郏完城旦杜伯死在此下。

（四）死亡日期＋××“物故死在此下”

一共有21例。如：

（5）右部无任清河厝髡钳宋文永初元年五月十四日物故死在此下。

（6）右部无任少府若卢髡钳尹孝永初元年五月四日物故死在此下。

本书所谓刑徒墓砖文格式的不同主要指结尾部分。在选取的77

篇共78例[①]中，除了以上四种格式（共74例），另外4例稍有不同。

（7）永元五年二月七日无任江夏安陆鬼新张仲死此中。

（8）无任河南於陵完城旦李寿延光三年十二月十五日死左部。

（9）左部无任东郡濮阳完城日夏侯当延光四年九月一日物故在此下。

（10）无任河南雒阳髡钳赵巨元初六年闰月四日物故死。

概括来说，刑徒砖文的结语有"死""死在此下""死此中""死左部""物故""物故在此下""物故死""物故死在此下"八种，如下表（下简称为格式（一）、格式（二）……格式（八））。前文都为"死亡日期+××"，只有结语区别较大，所以只将结语列表，观察差异。表中括号内的阿拉伯数字指该种格式砖文的总量。

表下编—5　77篇刑徒砖文结尾格式一览

（一）死（28例）	（五）物故（8例）
（二）死在此下（17例）	（六）物故在此下（1例）
（三）死此中（1例）	（七）物故死（1例）
（四）死左部（1例）	（八）物故死在此下（21例）[②]

二、东汉刑徒砖文中的动词

刑徒砖文中的动词主要有两个：

① 共选取77篇刑徒砖文，其中1篇，即文后附录第68条，出现2次"物故死在此下"的结语，记为2例，所以共77篇，78例。

② 共77篇砖文，但表中数字总计78例。

第一，“死”，见于格式（一）—（四）；

第二，“物故”，见于格式（五）、（六）；

格式（七）、（八）较特殊，两个动词“物故”“死”同时出现。

对于砖文中“死”的含义，以往学者有两种看法：

第一，“死”同“茔”。端方《陶斋藏砖记》：“砖文凡‘死’字皆‘茔’字之省，古碑刻多写‘葬’做‘茔’。”

第二，“死”通“尸”。罗振玉《恒农专录》序：“古‘死’‘尸’二字通用，（端氏）误以为‘葬’之省则不知而作。”1964 年发掘报告：砖文末尾常书“死在此下”四字，汉代“死”与“尸”相通，即“尸在此下”的意思。①

针对以上两种观点，笔者认为在东汉刑徒砖文中：

第一，“死”字并非皆“茔”之省文。

考古发掘证实，刑徒砖文上的时间的确是刑徒死亡的时间而非埋葬的时间。考古发现，“死亡的刑徒大体上是死后即行埋葬，最多隔三四天埋葬一次”，但埋葬时间相同的刑徒墓砖，砖文上的时间却并不相同（1964 发掘报告），可见，砖文上的时间是死亡时间，即的确是“××日死”，而非“××日葬”。

第二，“死在此下”的“死”不“与‘尸’通”。

按：物故，《释名·释丧制》：“人始气绝曰死。死，澌也，就消澌也，汉以来谓死曰物故，言其诸物皆就朽故也。”“物故”即“死”之意。

以上两点可以证明，东汉刑徒砖文中的“死”并非“茔”之省文，也不“与‘尸’通”，就是“死亡”意。

---

① 参见《东汉洛阳城南郊的刑徒墓地》一文。

此外，汉代砖文中并有“死”“垄”“尸”三字，有时甚至出现在同一文句中。

（11）无任南阳武阴完城旦捐祖永初元年七月九日物故死在此下。①

无任捐祖物故死在此下，官不负，寄垄。

例（11）的两分句表示同一刑徒墓中的两篇墓砖铭文。“死”“垄”同时出现。如果“死”字为“垄”之省文，应该没有一个省一个不省的道理。

死，《说文》：“死，澌也，人所离也。”段玉裁注：“人尽曰死。”

垄，《广韵·集韵》：“葬，或做垄。”《说文》：“葬者，藏也。”《礼记·檀弓上》：“葬也者，藏也；藏也者，欲人之弗得见也。”“寄葬”为埋于客乡。

“死”“垄”词义本不一样，上例中也确有区别，可见“死”非“垄”之省。

而同时期的其他墓志类材料中也往往“死”“垄”两字同时出现，意义有别。如：

（12）今平阴偃人乡苌富里钟仲游妻薄命蚤死，今来下垄。（钟仲游妻木质镇墓文）

不同语境中三字表达不同的意义，不能笼统地说“凡‘死’字皆‘垄’字之省”或“古‘死’‘尸’二字通用”。

① 有的墓穴中埋有两块墓砖，两块墓砖上均有刻辞，则两篇砖文用分别标注。

三、东汉刑徒砖文中的谓语

根据谓语部分的语法构成，将结语完整的77篇刑徒砖文分作以下几类：

（一）死亡日期＋××“死/物故”

指谓语部分由一个动词（“死”或“物故”）构成。如：

（13）苏松死。

（14）□任陈留扶蒲鬼新赵孟二月七日死。

（15）永元三年六月十日无任陈留尉是完城旦贵伯死。

（16）无任河南雒阳髠钳封平死永元六年闰月八日。

（17）左无任任城鬼薪纡便建宁元年七月十六日物故。

刑徒砖文的主要目的是标明死亡时间及尸骨所在，以备家人迁葬认尸所用（赵超2001）。所选77篇完整的刑徒砖文中，大部分刻有死亡日期。类似例（13）“苏松死”的极简形式此处只选取有图版的1例（见书末所附图52）。而从收集的全部119篇来看，无图版或摹本的还有10例，例如“叔纡死”。“死亡日期＋××‘死’”的共27例，其中有25例与例（14）形式相同，即时间状语位于主语之后，谓语动词之前。此外，例（15）中，时间状语位于句首。例（16）中，表时间的成分位于动词后。

“死亡日期＋××‘物故’”共8例，都与例（17）相同，时间短语位于主语和谓语动词之间充当状语。所以，类别（一）共

36例，占46.2%。

（二）死亡日期+××“物故死”

东汉刑徒砖文中有1例谓语由“物故”“死”共同组成。

（18）无任河南雒阳髡钳赵巨元初六年闰月四日物故死。

如前文所言，“物故”“死”意义相同，属于“同义连用”[①]。“物故死”连用做谓语中心语的只此1例。

（三）死亡日期+××“死”+××地

指谓语部分由动词和处所补语组成。如：

（19）无任河南於陵完城旦李寿延光三年十二月十五日死左部。

（20）永元五年二月七日无任江夏安陆鬼新张仲死此中。

例（19）中，刑徒所在部属“左部”位于谓语动词“死”后，充当补语。例（20）中，代词“此”与方位名词“中”组成方位短语做补语，表示动作发生的处所。分别只有1例。

（四）死亡日期+“死/物故/物故死”+介宾短语“在此下”

谓语部分由动词“死”或“物故”或“物故死”后加介词短语“在此下”组成，介词“在”引进动作发生的处所。

① 详见下编第三章《东汉墓志材料中的同义连用》。

（21）元和四年三月□日六安舒鬼新犂错死在此下。

（22）乐城下博完城旦阎渊永初七年四月十一日死在此下。

（23）无任南阳武阴完城旦捐祖永初元年七月九日物故死在此下。

无任捐祖物故死在此下，官不负，寄葬。

（24）左部无任东郡濮阳完城日夏侯当延光四年九月一日物故在此下。

“××死在此下”共 17 例，其中时间状语位于句首的，如例（21）的，14 例；时间状语位于主语之后、谓语动词前，如例（22）的，3 例。“××物故死在此下”共 21 例。“××物故在此下”则只有 1 例，即例（24）。所以，格式（四）在东汉刑徒砖文中共 39 例，占总 78 例中的 50%。

不难发现，类别（三）与（四）的区别在于，（三）中的谓语代词与补语之间使用介词“在”，而（四）未用。

附：所选结语完整的刑徒砖文 77 篇

结语为“死”（28 篇）

1. 苏松死。

2.（091）永元三年六月十日无任陈留尉是完城旦贵伯死。

3.（n094）无任河南雒阳髡钳封平死永元六年闰月八日。

4.（062）蜀郡江原完城旦□米代□永平五年八月二日死。

5.（n115）无任彭城□□钳鋈金元初二年正月廿一日死。

6.（n115）无任□国陈钳向利元初二年正月廿一日死。

7.（n115）无任东□完城旦丁熊元初二年正月廿四日死。

8.（n115）无任沛国□相髡钳丁何元初二年正月廿三日死。

9.（n115）无任汝南邵陵髡钳胡开元初二年五月十五日死。

10.（n115）五任河东□□髡钳王贵代子生元初二年五月十八日死。

11.（n119）无任河南雒阳金陵元初六年闰月六日死。

（n119）无任河南雒阳金陵。

12.（n119）无任陈留封丘髡钳王勤元初六年闰月六日死。

13.（n119）无任颍川舞阳司寇木召元初六年闰月十八日死。

14.（n119）无任济阴城武完城旦渭阳元初六年闰月廿三日死。

15.（n119）无任南阳邓髡钳乾虑元初六年闰月廿三日死。

16.（n119）无任庐江寻阳髡钳张午元初六年闰月廿四日死。

17.（n119）无任丹阳石成髡钳吴指元初六年闰月廿五日死。

18.（n119）无任南郡□□髡钳陈元元初六年闰月廿六日死。

（n119）无任南郡□□髡钳陈元。

19.（n119）无任河南雒阳髡钳董未元初六年闰月廿七日死。

（n119）无任河南雒阳髡钳董未。

20.（n119）无任颍川定陵完城旦应丁元初六年闰月廿九日死。

（n119）无任颍川定陵完城旦应丁闰月廿九日死。①

21.（n119）无任汝南宜春完城旦池建元初六年闰月廿九日死。

（n119）无任汝南宜春完城旦池建。

22.（n119）无任会□□髡钳周恩元初六年二月五日死。

① 该墓中的两块刻辞书完全相同，按1例记。

23.（n119）无任陈留封丘髡钳王勤元初六年闰月六日死。

24.（n119）五任汝南南顿鬼新黄柏元初六年闰月二日死。（无拓本）

25.（n120）左无任南阳武阴完城旦委文永宁元年五月十二日死。（无拓本）

26.（n125）无任南阳宛完城旦梁奴延光四年十月廿二日死第十六。

27. 冯翊□□任张永□年十月廿日死。

28. 任陈留扶蒲鬼新赵孟二月七日死。

结语为“物故”（8 篇）

29.（n094）南阳完□旦黄□永元六□三日物故。

30.（106）无任南阳鲁阳完城旦焦石延平元年八月十四日物故。

31.（n106）□无任东阳髡钳李陵延平元年三月一日物故。

32.（n106）部无任□敹肌髡钳□于延平元年二月廿二日物故。

33.（n108）右部无任沛国赞完城旦谢亥永初二年正月廿六日物故。第四。官不负。

34.（n170）无任陈留襄邑髡钳李□建宁三年二月十九日物故。

35. 左无任任城鬼薪纡便建宁元年七月十六日物故。

36.（172）右无任汝南山桒髡钳宣晓熹平元年十二月十九日物故。

结语为“物故死”（1 篇）

37.（n119）无任河南雒阳髡钳赵巨元初六年闰月四日物故死。

结语为“死在此下”（17 篇）

38.（087）元和四年三月□日六安舒鬼新挈错死在此下。

39.（086）元和三年□月七日弘农卢氏完城旦史仲死在此下。

40.（087）章和元年九月廿七日京兆长安左章髡钳死在此下。

41.（089）永元元年四月四日左冯翊万年髡钳毕通死在此下。

42.（089）永元元年七月□留酸枣完城旦吴颜死在此下。

43.（090）永元二年九月七日江夏蕲春司寇霸死在此下。

44.（090）永元二年九月廿日颖川武阳髡钳东门当死在此下。

45.（090）永元二年河南□张娆死在此下。

46.（n092）永元四年二月廿八日无任卢江六安完城旦严仲死在此下。

47.（n092）永元四年三月八日无任东郡燕完城□□客死在此下。

48.（n092）永元四年三月九日河内山阳髡钳胡死在此下。

49.（n092）永元四年五月十六日南阳宛完城旦黄死在此下。

50.（n113）乐城下博完城旦阎渊永初七年四月十一日死在此下。

51.（n115）无任汝南安□髡钳□□元初二年六月十六日死在此下。

52.（n115）无任东莱昌阳髡钳太史少元初二年六月十七日死在此下。

53. □年三月十日扶风武江完城旦□死在此下。

54. □年四月十二日颖川郏完城旦杜伯死在此下。

结语为“物故死在此下”（21 篇[①]）

55.（n107）右部无任少府若卢髡钳尹孝永初元年五月四日物

① 例 68 中 2 例“物故死在此下”，所以结语“物故死在此下”共 22 例。

故死在此下。(无拓本)

56.(n107)右部勉刑济阴甄城司寇任可永初元年五月十二日物故死在此下。(无拓本)

57.(n107)右部无任清河厝髡钳宋文永初元年五月十四日物故死在此下。

58.(n107)右部无任南宛髡钳陈便永初元年五月廿五日物故死在此下。

(n107)南阳宛陈便。

59.(n107)右部无任乐安博昌髡钳朐平永初元年五月廿五日物故死在此下。

(n107)无任朐平。

60.(n107)右部无任梁国下邑髡钳魏仲永初元年五月廿七日物故死在此下。

61.(n107)右部无任东海阷郯鬼新张便永初元年五月廿八日物故死在此下。

(n107)无任张便。

62.(n107)右部无任陈留□黄髡钳孟仲永初元年六月四日物故死在此下。

(n107)孟仲。

63.(n107)右部无任陈国陈鬼新虞少永初元年六月四日物故死在此下。

(n107)无任虞少。

64.(n107)右部无任巨鹿广宗髡钳却威永初元年六月六日物故死在此下。

65.(n107)右部无任沛国与秋司寇周捐永初元年六月十一日物故死在此下。官不负。

66.（n107）右部五任汝南瞿阳髡钳冯少永初元年六月十八日物故死在此下。

67.（n107）右部无任勉刑颍川颍阴鬼新范雍不能去留官□致医永初元年六月廿五日物故死在此下。（无拓本）

68.（n107）无任南阳武阴完城旦捐祖永初元年七月九日物故死在此下。

（n107）无任捐祖物故死在此下，官不负，寄葬。

69.（n107）右部无任江夏鄂完城旦谢郎永初元年七月一日物故死在此下。

（n107）无任谢郎。

70.（n108）右部弟三无任任城髡钳时赦永初二年四月廿八日物故死在此下。

71.（n108）□部无任东平寿张完城旦吕午永初二年七月廿七日物故死在此下第四茏。

72.（n108）□任陈留后仪完城旦张仲永初二年十月廿九日物故死在此下。

73. 梁国张思物故死在此下。

74. 南阳宛完城旦周阳物故死在此下。

结语为“死此中 / 死左部 / 物故在此下”（各1篇）

75.（n093）永元五年二月七日无任江夏安陆鬼新张仲死此中。

76.（n124）无任河南於陵完城旦李寿延光三年十二月十五日死左部。（无拓本）

77.（n125）左部无任东郡濮阳完城日夏侯当延光四年九月一日物故在此下。

附录1　东汉砖文文献整理

第一节　东汉刑徒砖文整理

一、概述

考古发掘所得的东汉洛阳刑徒墓砖文，在东汉乃至整个中国古代砖文中，是自成体系的一个系列。当时大批不同罪名、徒刑年限的刑徒从各地被政府征调至都城洛阳及周围地区（即今河南偃师县）从事劳役。死后墓中埋入墓砖，刻写死者姓名、死亡日期、生前狱所所在的郡县等等，这就是大批刑徒墓砖文的由来。

据1958年、1964年两次考古发掘发现，全部刑徒墓砖文都刻于残缺废弃的砖块上。每一座墓中一般放置两块墓砖：一块墓砖是较为完整的条砖，铭文较长，刻有“无任”“五任”刑徒征调洛阳前所在的狱所名或郡县名、刑罚名、刑徒姓名、死亡日期，末尾多加上“死在此下”“物故死在此下”字样。也有不少铭文是将死亡日期刻在最前面。较长的铭文可达二十余字。另一块砖块较小，铭文简略，仅刻写刑徒姓名或姓名前加上“无任”“五任”等。此类墓砖虽砖块较小，铭文也往往只有两字，却不似残块。关于两块墓砖用途的差别，研究者尚无定论。

迄今所见的东汉刑徒墓砖文，年代最早的是永平五年（62），见于《陶斋藏砖记》，最晚的是熹平元年（172）。

东汉刑徒墓砖文的出土，除了对于中国书法史、汉字形体变迁史有重要的参考价值外，对于研究中国法律史上有关东汉时期的律例也有重要价值。

（一）东汉刑徒墓砖文的出土、著录情况

刑徒墓砖文光绪丁未年间曾有出土，当时收藏家端方收录“百七十余纸”，辑录入《陶斋藏砖记》113块砖文。书中除释文外，作者还对地名加以考证。

随后罗振玉先生双钩摹绘《陶斋藏砖记》中的31件，“校录疏失”，于1915年刊行《恒农冢墓遗文》。1917年刊行《恒农专录》[①]，又汇录231件。

2005年《历代陶文研究资料选刊》收录端方《陶斋藏砖记》。

1958年河南偃师县汉魏故城出土刑徒墓砖，较完整的有9块，铭文时间均为元初二年（115）。调查情况发表在《考古通讯》1958年第6期《汉魏洛阳城刑徒坟场调查记》。

1964年洛阳南郊刑徒墓地又发现刑徒墓522座，出土刑徒墓

① 恒农即灵宝的古城名。

砖820余块，部分图片摹本发表在《考古》1972年第4期的《东汉洛阳城南郊的刑徒墓地》。考古发掘使我们得以见到东汉刑徒墓砖文的真实面貌。

1998年《中国古代砖文》出版，收录10篇东汉刑徒墓砖文，附有释文。

殷荪主编的《中国砖铭》(包括文字分册、图版分册)于1998年出版。收录东汉刑徒墓砖文摹本78块，是目前收录介绍刑徒砖文最完备的著作。不过均未附释文。

关于东汉刑徒砖文收录的最新成果是《汉魏洛阳故城南郊东汉刑徒墓地》的出版。由中国社会科学院考古研究所编著，文物出版社2007年8月出版发行。文后有440版墓志砖铭文拓本，彩色图版4版，黑白图版141版。1964年春中国科学院考古研究所对位于河南省洛阳市与堰师市接壤的汉魏洛阳故城南郊偏西南处的东汉刑徒墓地进行了发掘，该书全面翔实地公布了发掘成果，包括砖志铭文的统计和考释，以及散存于社会及著录发表的东汉刑徒砖志的统计记录，是东汉刑徒砖文最全面权威的著录。

(二)东汉刑徒砖文的研究情况

东汉刑徒砖文从铭文内容看，并不十分复杂。

清代的《陶斋藏砖记》所做的主要是文字释读及历史地名的考释工作。如卷上“汉巢髡钳垩砖”释文为“章和二年二月□日，安巢髡钳陈李……下”，释文下著者的按语包括三方面：

1. 文字考释

“巢”字当是“巢”字之变体。《前汉书·刑法志》:“当黥者钳为城旦舂。”《说文》:“髡，鬄发也。钳，以铁有所刦束也。”

2. 释读疑难字，给个别词语释义

《陶斋藏砖记》中解释到的刑律术语有:"髡钳、司寇"。

3. 据《后汉书·地理志》指出砖文中地名所属的郡县

如:《后汉书·郡国志》:"扬州庐江郡有居巢侯国"。

后代的著录著作在肯定这批材料在汉字形体变迁史、中国法律史上的价值外，关注得较多的是这批材料在书法方面的价值。《中国古代砖文》"概述"、《中国砖铭》文字分册"中国历代砖文析言"中都较为详细地分析了砖文铭文的书体、笔法的特征、体现的书体演变轨迹等。至今还没有关于刑徒砖文研究的专书出现。而且以往的著录著作大多以展示刑徒砖文的影印图版为主，目前刑徒砖文的释文还没有人做过集中整理。为此本书将已发表的刑徒砖文集中整理——识字、考释、批注、断代等，以求全面呈现东汉刑徒砖文的面貌，确切地解释砖文的铭文内涵，为汉语史研究及相关学科（历史学、民俗学、法律学等）的研究做准备。

二、刑徒砖文释文整理

《中国砖铭》收入东汉刑徒砖文78块，首次全面展现了东汉刑徒砖文的真实面貌，但是均未附释文。笔者对照《中国砖铭》一书中的砖文的摹本,详细查阅《陶斋藏砖记》《恒农专录》以及1958年、1964年的发掘报告,共收集东汉刑徒砖文119篇,做了释文和注释。[①]

① 释文详见本书附录3"东汉砖文释文"之"（五）记墓砖文"中的前119条。凡已发表的东汉刑徒砖文均收录在内，但铭文完整清晰的列在前面，共107篇（第1至107条），不完整的列在最后（第108至119条），以资参考。图片有的转引自1958年、1964年的考古发掘报告，部分引自《中国砖铭》一书，不再一一注明。

现将部分释文按时间顺序列举如下，加以解释，格式雷同的则选取有代表性的加以说明，其他释文见附录。

（1）蜀郡江原[1]完城旦[2]□米代□永平五年八月二日死。

【注释】

[1]《后汉书·郡国志》:“蜀郡有江原县。”端方《陶斋藏砖记》案:“此则其罪人死后葬砖也。”

[2]《后汉书·刑法志》:“丞相张苍御史大夫冯敬奏定律令诸当完者完为城旦、舂;当黥者髡钳为城旦、舂。”

完，对情节轻微或年老年幼有罪当刑者，罚做劳役，而不残伤其肉体。《后汉书·刑法志》:“刖者使守囿,完者使守积。”颜师古注:“完谓不亏其体，但居作也。”《汉旧仪》:“完，四岁。”

城旦,刑罚名,指一种筑城四年的劳役。《前汉书·刑法志》:“罪人狱已决完为城旦、舂。”《墨子·号令》:“以令为除死罪二人，城旦四人。”孙诒让《间诂》引应劭曰:“城旦者，旦起行治城，四岁刑也。”《史记·秦始皇本纪》:“令下三十日不烧，黥为城旦。”裴骃《集解》曰:“《律说》:论决为髡钳，输边筑长城，昼日伺寇虏，夜暮筑长城。城旦，四岁刑。”

本来“完”指刑罚,“城旦”为刑名,东汉刑徒墓砖刻辞中称为“完城旦”，为四岁刑。

【说明】

据研究，东汉刑徒墓砖刻辞中的郡县名并非刑徒的籍贯，而是输作洛阳刑徒之前收押该刑徒的狱所所在的郡县名称。如例1中，

“蜀郡江原”表示刑徒来洛阳前在蜀郡江原县的狱所。①

迄今所见的东汉刑徒墓砖刻辞中，这是年代最早的一块，仅著录于《陶斋藏砖记》。《恒农专录》未著录。

(2)(/1)元和三年□月七日弘农卢氏[1]完城旦史仲[2]死在此下。

【注释】

[1]弘农卢氏，郡县名，指输作洛阳以前刑徒狱所所在地的郡县名称。《陶斋藏砖记》:“据《后汉书·郡国志》，卢氏县属司隶弘农郡。”弘,即“弘”,《马王堆汉墓帛书〈老子〉》甲本②及孔龢碑中，“弘”字形为“弘”。

[2]史仲，刑徒姓名。

【说明】

该砖文有拓本，凡是有拓本的砖文释文开头均用(/“数字”)表示(例如例2中的“/1”)，数字指附在文后的图版的序号，该数字同时代表该图版在《中国砖铭》上的页码，下同，不再一一说明。如果是摹本，也用(/“数字”)表示，但同时在【说明】中指出“系摹本”。未标出(/“数字”)的例句，如例1，则表示该条砖文没有拓本、摹本。

(3)(/2)元和四年三月□日六安舒[1]鬼新[2]犂错死在此下。

① 《东汉洛阳城南郊的刑徒墓地》,《考古》1972年第4期。

② 马王堆帛书整理小组《马王堆汉墓帛书〈老子〉》，文物出版社1976年。

【注释】

[1] 六安国舒县，属扬州庐江郡。犁，姓。

[2] 鬼新，即鬼薪，刑罚名，从事官府杂役、手工业生产劳动以及其他各种重体力劳动等。因最初为宗庙采薪而得名。《汉旧仪》："鬼薪三岁。鬼薪者，男当为祠祀鬼神伐山之薪蒸也；女为白粲者，以为祠祀择米也，皆作三岁。" 按："新" 通 "薪"。马王堆汉墓帛书《十六经 · 顺道》："百姓斩木艾新而各取富焉。"

（4）（/3）章和元年九月廿七日京兆长安[1]左章髡钳[2]死在此下。

【注释】

[1] 据《后汉书 · 郡国志》，长安属京兆尹。

[2] 髡钳，即 "髡钳"。髡钳，汉代刑罚，五岁刑。《汉旧仪》："凡有罪，男髡钳为城旦，城旦者治城也；女为舂，舂者治米也，皆作五岁。" 按：《说文》："髡，剔发也。" "钳，以铁有所劫束也。"《正字通》："钳，刑具。" 康有为《大同书》甲部第四章："古用苗制，施行肉刑，汉文免之，改为囚徒髡钳，鬼薪役作。"

（5）（/4）章和二年二月□日安巣[1]髡钳陈李[2]死在此下。

【注释】

[1]《陶斋藏砖记》："巣" 字当是 "巢" 字之变体。《后汉书 · 郡国志》："扬州庐江郡有居巢侯国。"

[2]《陶斋藏砖记》:“陈李，疑是复姓，如莫卢、莫侯、区工侯之类。”

(6)(/5) 章和二年□相司□下。

(7) 永元元年四月四日左冯翊万年[1]骫钳毕通死在此下。

【注释】

[1]《后汉书·郡国志》:“万年，汉县，属左冯翊郡。”

(8) 永元元年七月□留酸枣[1]完城旦吴颜死在此下。

【注释】

[1] 酸枣，东汉县，兖州陈留郡。

(9)(/6) 永元元年十一月八日豫章宜春[1]完城旦粱东[2]。

【注释】

[1]《后汉书·郡国志》:“宜春属扬州豫章郡。”

[2]《陶斋藏砖记》:“稻粱之粱奇姓，遍考古今姓氏书皆无。”其实先秦实物文字姓氏都写作“粱”，后来才写作“梁”。

【说明】

据《陶斋藏砖记》此砖“精整无稍缺”,则铭文内容稍异于他砖，未以“死在此下”做结。

(10)永元二年九月七日江夏蕲春[1]司寇[2]霸死在此下。

【注释】

[1]《后汉书·郡国志》:蕲春侯国属荆州江夏郡。蕲，蕲省。

[2] 司寇，汉代刑罚名，二岁刑，指罚往边地戍守劳作。《前汉书·刑法志》:“隶臣妾满二岁为司寇。”《汉旧仪》:“罪为司寇，男备守，女为作如司寇，皆二岁。”《后汉书·鲁丕传》:“坐事下狱司寇论。”李贤注:“司寇，刑名也。”

(11)(/7)永元二年[1]九月廿日颖川武阳[2]髡钳东门当[3]死在此下。

【注释】

[1] 首字墓砖刻辞摹本模糊,《陶斋藏砖记》《恒农专录》皆作“永”，因改。

[2]《陶斋藏砖记》:《后汉书·郡国志》豫州颍川郡有舞阳邑，舞阳当即武阳。

[3]《陶斋藏砖记》:钦定《古今图书集成·氏族典》东门氏姬姓，鲁庄公子遂字襄仲，居东门因氏焉。《左传》又有东门子家。汉有东门云、东门京、东门吴、东门奂。

(12)(/9)永元三年六月十日无任[1]陈留尉是[2]完城旦贵伯[3]死。

【注释】

[1] 无任:指无任徒，即无某种专门技能的刑徒。《隋书·刑

法志》:“(梁武帝)是时徙居作者具五任，其无任者，着斗械。若疾病，权解之。”“五任”指五种技能(见例22“五任”解)。

[2]是,《陶斋藏砖记》作“之”字。据《后汉书·郡国志》,陈留县属兖州陈留郡。

[3]《恒农专录》释作“贵伯”，但《陶斋藏砖记》作“贵谷”,据图版释作“伯”。

(13)(/10)永元四年二月廿八日无任卢江[1]六安完城旦严仲死在此下。

【注释】

[1]《后汉书·郡国志》六安国属扬州郡庐江郡。“卢”“庐”古字通。《左传》:“曹伯庐卒。”裴骃集解:“庐本亦作卢。”

(14)(/13)永元五年二月七日无任江夏安陆[1]鬼新张仲死此中。

【注释】

[1]《陶斋藏砖记》按:安陆，东汉县荆州江夏郡。

【说明】

目前所见的所有东汉刑徒墓砖刻辞中，这是唯一“死此中”的文例，其他出现“此”的文例皆为“死在此下”。

(15)无任河南雒阳[1]髡钳封平死永元六年闰月八日。

【注释】

[1]《后汉书·郡国志》，雒阳县属司隶河南尹，“雒阳”后写作“洛阳”。

【说明】

东汉刑徒墓砖刻辞至永元六年开始，格式大变，此前时间置于文首，此后时间置于文末。

(16)(/14)□城旦张护永元六年十二月十四日物故[1]死在□下。

(17)(/15)南阳完□旦黄□永元六□三日物故。

(18)□任□南□完城旦左□永元十三年七月□日物故死在□□。

【注释】

[1]物故，死亡。《荀子·君道》：“人主不能不有游观安燕之时，则不能不有疾病物故之变焉。”《汉书·苏武传》：“前以降及物故，凡随武还者九人。”颜师古注：“物故谓死也，言其同于鬼物而故也。一说，不欲斥言，但云其所服用之物皆已故耳。”

【说明】

东汉刑徒墓砖刻辞发展到永元六年出现的第二个变化是铭文中开始使用“物故”一词①，且位于文末。

(19)右部[1]无任少府若卢[2]髡钳尹孝永初元年五月四日物故死在此下。

① 第一个变化见例(15)。

【注释】

[1]部，刑徒役作的作部，即管理刑徒役作的专门机构。《后汉书·孝桓纪》："建和三年十一月甲申诏，徒在作部疾病，致医药；死亡厚埋葬。""左部""右部"即《续汉书·百官志》中所记录的"左校""右校"。《续汉书·百官志》四："左校令一人，六百石，掌左工徒。右校令一人，六百石，掌右工徒。"（张政烺2001）

[2]《续汉书·百官志》四："将作大匠一人，二千石。承秦，曰将作少府，景帝改为将作大匠。掌修作宗庙路寝宫室陵园土木之功，并树桐梓之类，列于道侧。"可见，"少府"是东汉时的中央官署之一。

若卢，狱所名。据《汉书·百官公卿表》注，服虔曰："若卢，诏狱也。邓展曰：旧雒阳两狱，一名若卢……"《汉书·王商传》："于是左将军丹等奏：'（王）商……罪名明白，臣请诏谒者召商诣若卢诏狱。'"注曰："若卢，狱名，属少府黄门内寺也。"

【说明】

刻辞中标记"少府若卢"，表示该刑徒生前是从"少府若卢"狱征调至此地役作。"少府若卢"墓砖仅见于1964年的考古发掘，发掘报告称"共4块"，例（19）是唯一一篇发表的砖文。而其他刑徒墓砖刻辞所标记的全部为刑徒征调洛阳的狱所所在的郡县名。

（20）右部勉刑[1]济阴甄城司寇任可永初元年五月十二日物故死在此下。（无拓本）

【注释】

[1]免刑，脱去刑具。"汉代刑徒执役要带刑具"①，免刑则指

① 见张政烺（2001）。刑法具体内容见《张家山汉墓竹简·二年律令·具律》。又参考韩树峰（2005）。

某些特殊情况下可脱去刑具。《汉书·西域传下》:"地节二年,汉遣侍郎郑吉、校尉司马熹,将免刑罪人田渠牦积谷,欲攻车师。"按:勉,通"免"。

司寇,汉代刑罚名,为二岁刑。《汉旧仪》:"罪为司寇,男备守,女为作如司寇,皆二岁。"

(21)右部无任勉刑颍川颍阴鬼新范雍不能去留官□致医永初元年六月廿五日物故死在此下。(无拓本)

【说明】

迄今所见的东汉刑徒墓砖刻辞中,只有(20)、(21)两例提到"免刑"。

(22)(/25)右部五任[1]汝南瞿阳髡钳冯少永初元年六月十八日物故死在此下。

【注释】

[1]五任,指以五种技能服劳役的刑徒。《资治通鉴·梁武帝大同十一年》:"大率二岁刑已上岁至五千人;徒居作者具五任,其无任者着升械,若疾病权解之。"胡三省注:"任,谓其人巧力所任也。五任,谓任攻木者则役之攻木,任攻金者则役之攻金,任攻皮者则役之攻皮,任设色者则役之设色,任抟埴者则役之抟埴。"

(23)(/26)右部五任下邳下相髡钳曺[1]福代[2]胡非永初元年六月廿六日物□。

【注释】

[1]“朁”即“曹”，东汉刑徒墓砖中全写作“朁”。

[2]汉律中有代刑，据研究者推测，此处“代”大概也是某人代替某人役作的意思（吴荣曾1977）。

（24）右部无任陈留圉髡钳赵棠永初元年五月廿一日物故死在此下。

无任赵棠。

（25）（/22）右部无任南宛[1]髡钳陈便永初元年五月廿五日物故死在此下。

南阳宛陈便。

（26）（/79）右部无任江夏鄂完城旦谢郎永初元年七月一日物故死在此下。

无任谢郎。

【注释】

[1]据同坑另外一块墓砖刻辞，南宛，当为“南阳宛”，缺“阳”。《后汉书·郡国志》:“宛县属荆州南阳郡。”

【说明】

例（24）、（25）、（26）表示同一刑徒墓中的两块墓砖上的刻辞。1964年东汉刑徒墓考古发掘时发现，大多数刑徒墓中放置两块墓砖，一般两块砖大小不同。一块墓砖较大，刻辞较长，详细刻写着刑徒的部署（右部、左部）、“无任”或“五任”狱名或郡县名（例24“陈留圉”例25“南阳宛”）刑徒姓名、日期、结语“物故死在此下”。另一块砖块小（研究者证实，较小砖块并非残块），刻辞简短，只刻写姓名，或“无任/五任、姓名”（如“无任谢郎”），或“郡县名、姓名”（如“南阳宛陈便”），或“郡县名、刑名、姓名”（如“梁国下邑髡钳赵仲”）。两块墓砖最长的是依次刻写着“无任/五任、郡县名、刑名、姓名”（如“无任河南雒阳髡钳金陵”）。

但是元初六年有少数刑徒墓中，两块墓砖刻辞完全一样。

两块墓砖刻辞内容详略不同，用途上应有差别。标志尸骨所在以利移葬，曾是设置墓志的一个重要目的（赵超2001），东汉刑徒墓中较简砖文可能也是为利于后人移葬时辨认尸骨而刻。

最早《陶斋藏砖记》中就著录了若干铭文简短的刑徒墓砖刻辞，如“弩文死”“鄭少死”等，但作者并未注明因墓砖残缺故刻辞短还是刻辞本来有长有短。现在从60年代的考古发掘看，此类较短的墓砖刻辞应该也是刑徒墓中较短的一类。

（27）左部[1]无任东郡濮阳完城日夏侯当延光四年九月一日物故在此下。

（28）左[2]无任任城鬼薪纡便建宁元年七月十六日物故。

【注释】

“左部”“右部”即《续汉书·百官志》中所记录的“左校”“右校”。《续汉书·百官志》四:“左校令一人，六百石，掌左工徒。右校令一人，六百石，掌右工徒。”“左部”“右部”有时称为“左”“右”。

（29）（/24）右部无任沛国与秋司寇周捐永初元年六月十一日物故死在此下。官不负[1]。

【注释】

[1] 不负，不以为忧，即不负责任。负，忧虑。《后汉书·章帝纪》:“自牛疫已来，谷食连少，良由吏教未至，刺史二千石不以为负。”李贤注:“负，犹忧也。”《后汉书·和帝纪》:“在位不以选举为忧，督察不以发觉为负，非独州郡也。”李贤注:“负，亦忧也。”又常作“不易为负”。

（30）（/66）□年四月十二日颍川郏完城旦杜伯[1]死在此下。

【注释】

[1] 殷荪《中国砖铭》该句释文末几字作“杜倪在此下”，没有“死”字。综合所以刑徒砖文的形制，铭文的基本构成要素是“死亡时间”和“死”字，“死”字必与死亡时间搭配出现，这也是刑徒砖文提供的最重要的信息。铭文中的确出现死亡时间，另核对图版，可以认为此篇砖文有“死”字，“死”和“伯”字靠得较近，因此名字是“杜伯”而不是“杜倪”，故释作“杜伯死在此下”。

（31）（/71）无任南阳武阴完城旦捐祖永初元年七月九日物故死在此下。

无任捐祖物故死在此下，官不负，寄葬[1]。

【注释】

[1]寄葬,当指葬于客乡之意。以“寄”为义素的复音词中,“寄”往往带有“暂时、居他乡、由他人处置”之意。

【说明】[①]

寄养,谓暂安置某处供养。《朱子语类》卷一三〇:“太祖初定天下,将诸军分隶州郡,特寄养耳。”

寄居,居住在他乡或别人家。《汉书·息夫躬传》:“躬归国,未有第宅,寄居丘亭。”

寄处,寄居栖身。汉贾谊《惜誓》:“黄鹄后时而寄处兮,鸱枭群而制之;神龙失水而陆居兮,为蝼蚁之所裁。”

寄殡,临时埋葬或停放灵柩。唐李华《〈萧颖士文集〉序》:“君以先世寄殡嵩条,因之迁祔。终事,至汝南而殁。”

寄葬,盖为葬于客乡之意。

---

① 例均取自《汉语大词典》。

附:刑徒砖文图版及释文

1

2

1. 元和三年□月七日弘农卢氏完城旦史仲死在此下。
2. 元和四年三月□日六安舒鬼新犂错死在此下。

3

4

3. 章和元年九月廿七日京兆长安左章髡钳死在此下。
4. 章和二年二月□日安粜髡钳陈李□□□下。

5

6

5. 章和二年□相司□下。

6. 永元元年十一月八日豫章宜春完城旦粱东。

7

8

7. 永元二年九月廿日颖川武阳髡钳东门当死在此下。

8. 永元二年河南□张娆死在此下。

9

10

9. 永元三年六月十日无任陈留尉是完城旦贵伯死。

10. 永元四年二月廿八日无任卢江六安完城旦严仲死在此下。

11

12

11. 永元四年三月八日无任东郡燕完城□□客死在此下。

12. 永元四年三月九日河内山阳髡钳胡死在此下。

13

14

13. 永元五年二月七日无任江夏安陆鬼新张仲死此中。

14. □城旦张护永元六年十二月十四日物故死在□下。

15

16

15. 南阳完□旦黄□永元六□三日物故。

16. 任□南□完城旦左□永元十三年七月□日物故死在□□。

17

18

17. □任济阴甄城完城旦张常元兴□年六月九日物□死在此下。

18. □无任东阳䖝钳李陵延平元年三月一日物故。

19

20

19. 部无任□觳鼿髡钳□於延平元年二月廿二日物故。

20. 右部无任上党复留完城旦王平永初元年五月廿四日物故□在此下。

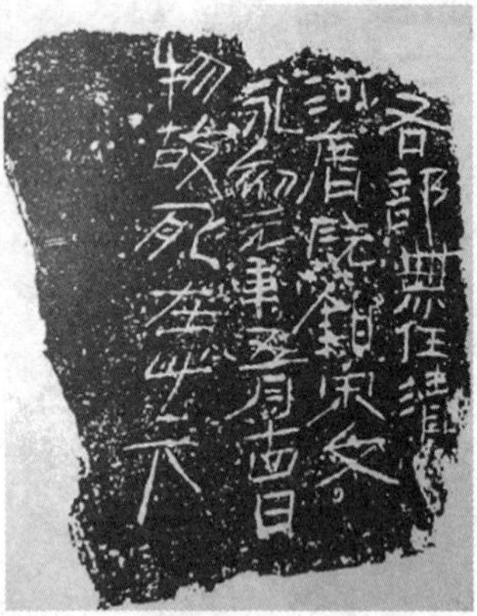

21

22

21. 右部无任清河厝瓬钳宋文永初元年五月十四日物故死在此下。

22. 右部无任南宛瓬钳陈便永初元年五月廿五日物故死在此下。

23

24

23. 右部无任巨鹿广宗髡钳郝（却）威永初元年六月六日物故死在此下。

24. 右部无任沛国与秋司寇周捐永初元年六月十一日物故死在此下。官不负。

25　　　　26

25. 右部五任汝南瞿阳髡钳冯少永初元年六月十八日物故死在此下。

26. 右部五任下邳下相髡钳曹福代胡非永初元年六月廿六日物……

27　　　　28

27. 右部无任江夏鄂完城旦谢郎永初元年七月一日物故死在此下。

28. 乐城下博完城旦阎渊永初七年四月十一日死在此下。

29

30

29. 右部第三无任任城髡钳时赦永初二年四月廿八日物故死在此下。

30. □任陈留后仪完城旦张仲永初二年十月廿九日物故死在此下。

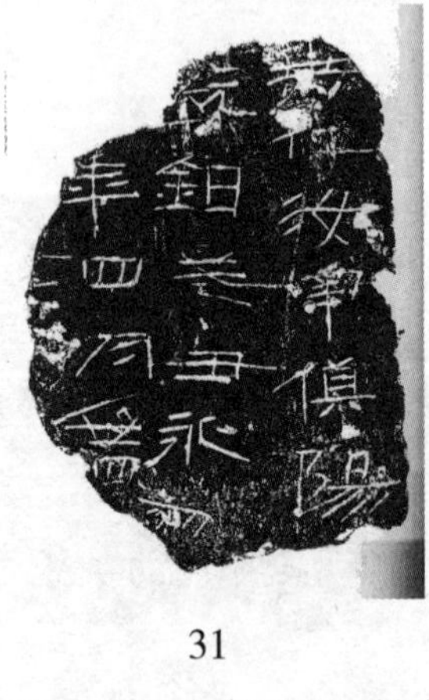

31

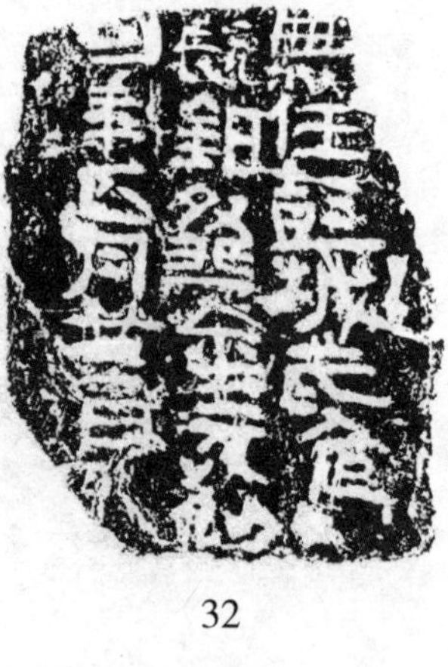

32

31. 无任汝南□阳髡钳武丑永初□年四月廿四。

32. 无任彭城□髡钳錖金元初二年正月廿一日死。

33

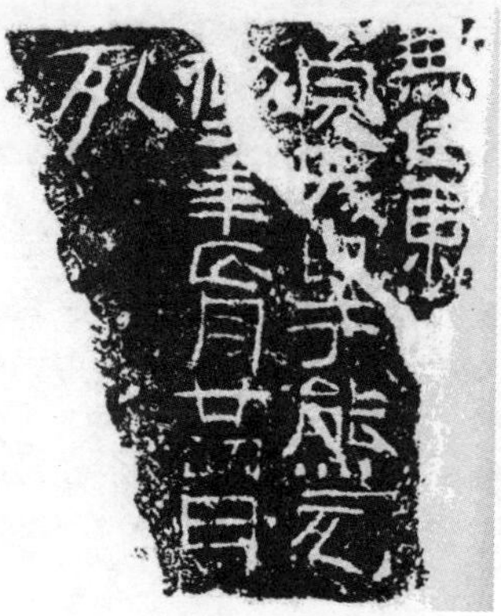

34

33．无任□国陈髡钳向利元初二年正月廿一日死。

34．无任东……完城旦丁熊元初二年正月廿四日死。

35

36

35．无任沛国□相髡钳丁何元初二年正月廿三日死。

36．无任汝南邵陵髡钳胡开元初二年五月十五日死。

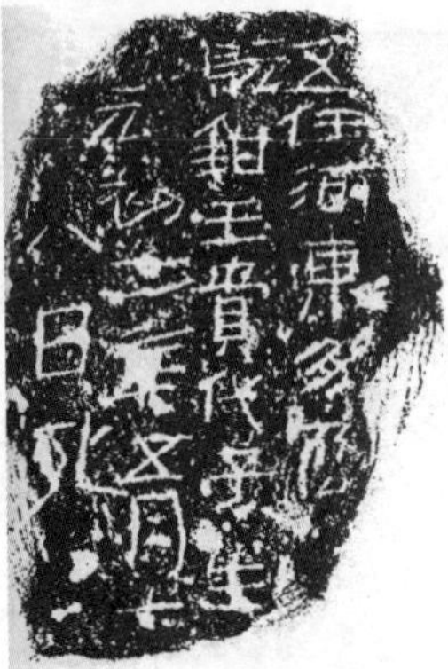

37

38

37. 五任河东□□髡钳王贵代子生元初二年五月十八日死。

38. 无任汝南安□髡钳□□元初二年六月十六日死在此下。

39

40

39. 无任东莱昌阳髡钳太史少元初二年六月十七日死在此下。

40. 五任南阳鲁阳鬼新胡生代路次元初六年闰月……

41

42

41．无任河南雒阳髡钳赵巨元初六年闰月四日物故死。

42．无任会□□髡钳周恩元初六年二月五日死。

43

44

43．无任陈留封丘髡钳王勤元初六年闰月六日死。

44．无任颍川舞阳司寇木召元初六年闰月十八日死。

45

46

45. 无任南阳宛完城旦梁奴延光四年十月廿二日死第十六。

46. 无任陈留襄邑鬿钳李□建宁三年二月十九日物故。

47

48

47. 右无任汝南山桼鬿钳宣晓熹平元年十二月十九日物故。

48. 仓寄。

49

50

49．戴雅。

50．东阿死。

51

52

51．□城旦张护永元六年十二月十四日物故死在□下。

52．苏松死。

53

54

53. □无□□钳西陕……

54. 陈伯。

55

56

55. 无任颖川昆完城旦张达二年八月廿六□物故……

56. 龚伯。

57

58

57. 南阳宛陈便。

58. 梁国下邑髡钳赵仲。

59

60

59. 右部五任汝南雒阳髡钳冯少永初元年六月十八日物故死在此下。

60. 夏伯。

61

61．无任南阳武阴完城旦捐祖物故死在此下，官不负，寄葬。

62

63

62．梁国张思物故死在此下。

63．王苛。

64

65

64. 年十二月□日河内汲鬼新□在此下。

65. 任陈留扶蒲鬼新赵孟二月七日死。

66

67

66. □年四月十二日颍川郏完城旦杜伯死在此下。

67. □年三月十日扶风武江完城旦□死在此下。

68

68.右部无任汝南新息瓬钳费免永初元年六月四日□故死在此下。

69

69. 右部无任江夏鄂完城旦谢郎永初元年七月一日物故死在此下。无任谢郎。

第二节　东汉买地券、镇墓文与《太平经》释文互证

因《太平经》与买地券、镇墓文内容上密切相关，所以选取《太平经》中的文句与镇墓文互证。

（一）

《刘元台买地砖券》黄景春（2004:69）的释文断句为：

（1）为冢时临知者刘元泥、枕安居，共为券书，平执不当卖而卖，卒为左右所禁，固平执为是正。如律令。

黄景春将“平执”解释为人名，因而与后面“不当卖而卖”断为一句。笔者认为“平执”应为“公平执行”的意思。

按：《太平经·卷四十八三合相通诀第六十五·校148页》：

（2）满言其治太平均，凡事悉理，无复奸私也；平者，比若地居下，主执平也。

可见“平执”“执平”是当时常见的说法。

又《淮南子·主术训》：“使人主执正持平，如从绳准高下。”

可见，平，即公平、公正。平执就是公平地处理、治理。所以该句的断句当为：

为冢时临知者刘元泥、枕安居，共为券书，平执，不当卖而卖，卒为左右所禁固，平执为是正。如律令。

按:禁固，即禁锢，禁止做官或参与政事。汉代应劭《风俗通·过誉·司空颍川韩棱》:“兴免官，棱坐禁固。”汉蔡邕《陈太丘碑文》:“会遭党事,禁固二十年。”《文选·曹植〈求通亲亲表〉》:“人道绝绪，禁固明时。”李善注:“锢与固通。”

上文《刘元台买地砖券》文句整句意思是:造墓时证明人刘元泥、枕安居，双方共同订立券书，公平执行。若一方不当卖而卖，终将被左右监护神禁止。

（二）

下面是《王当买地券》中的文句:

（3）令死者无适负，即欲有所为，待焦大豆生、铅券华荣、鸡子之鸣，乃与诸神相听。

黄景春将“诸神”解释为“死者”（2004:72），笔者认为不确。

按:听,监督,检视。诸神指阴间督察检视死者行为的诸位神仙。死者经过诸神检视如无罪行,可“无适负”,即免除报应和灾祸。《太平经》中有多处“真人明听”“神人明听”的说法，例如:

（4）真人明听,为子条诀解之,更以上下悉说道之,但安坐。（卷九十一拘校三古文法第一百三十二·校

349页)

可见《王当买地券》中“与诸神相听”指由诸神监督。

(三)

镇墓文往往用丹书书写，行文中也屡屡出现“丹书铁券”的说法。如:

(5)死生异处,莫相干□。生人属西长安,死人属太山。丘丞墓伯□南。故为丹书铁券，□及解适，千秋万岁，莫相来索。如律令。(贞松堂残镇墓文)

(6)时约者袁叔威,沽酒各半,即日丹书铁券为约。(王未卿买地铅券)

按:丹书，用红色书写的神符。
《太平经·卷八十七长存符图第一百二十八·校330页》:

(7)天符还精以丹书，书以入腹，当见腹中之文大吉，百邪去矣。

按:例(7)可译为——皇天的神符用红色书写，使魂神精魄返还到人体，神符吞服到腹中，如此则大吉大利，所有邪物鬼怪亦都离去。

因为“丹书”有这样的“还精驱鬼”的作用，所以当时镇墓文往往用丹书书写，行文中也屡屡出现“丹书铁券”的说法。

(四)

(8)大阳之精，随日为德，利以丹沙，百福得。(户县曹氏镇墓陶文)

按:大阳之精指由极盛的阳气所化成的神灵与精灵。《太平经·卷三十九解师策书诀第五十》:“天使太阳之精神来告吾，使吾语，故吾者乃以天为师。”“大阳之精”指由极盛的阳气所化成的神灵与精灵。

利,和也,混合之意。《广雅·释诂三》:“利,和也。”王念孙疏证:《说文》引《干·文言》:“利,义之和也。”故该句“利”有“和”意。又《初平四年王氏镇墓文》:“和以五石之精,安冢墓,利子孙”可证。

(五)

《初平四年王氏镇墓文》黄景春的释文是:

(9)谨奉黄金千斤两，用填冢门。地下死籍削除，文他央咎。转要道中人，和以五石之精安冢莫(墓),利子孙，故以神瓶震(镇)郭门。

笔者认为释文当作:

(10)谨奉黄金千斤两,用填(镇)冢门。地下死籍削除,文、他央咎转。要道中人和以五石之精安冢莫(墓),利子孙,故以神瓶震(镇)郭门。

按:据《太平经》的记载,当时盛行的道教思想认为"籍系星宿,命在天曹",即世人的寿夭厚薄皆由天庭在人生前为之预定,并在出生之时,专派"司侯"即司命神和监视神在产房"记著录籍",转呈天曹掌管。其录籍分为生籍、死籍,善人之籍、恶人之籍和不死之录。①

《太平经·有德人禄命诀第一百八十一·校549页》:

(11)行善可尽年命,行恶失长就短,恶恶不止,祸及未生,何可希望?

(12)阁在天上,以遗善人,可戒子孙慎之。反正悔过,可复竟年,各自分明,计其所为,勿怨天神。努力为善,子孙延年,不者自在,可无怨天。

除了"籍系星宿,命在天曹",还有二十八星宿、日月五星和太岁等查照世人的是非举动,人体内外众神灵全都在时时刻刻监视着世人的善恶行径,并毫无遗漏、详尽明晰地写成专门的举告文书,禀报给天庭明堂,使"神人上下""皆知民间"。②依据这些簿记,"神主为理,白其过失,无有休止,修身自省,既得生耳",即天庭通

① 详见《太平经》卷一百一十有德人录命诀第一百八十一。

② 《太平经》卷一百十四九君太上亲诀第一百九十三:"每有语言,辄照有所知,不逆所言。神人真人得天君辞,便具言。神人上下,皆知民间,天君知神所言,不失文墨规矩之中。"

过验定，对行善积德者，如果命在神仙录，便叫他年满升天，登仙成神；如果命在善人籍，便可增寿，到阴间成为乐游鬼，而且福荫子孙，代代“家足人备”，世世获“尊官重禄”。《初平四年王氏镇墓文》中的“文”即指记录世人的善恶行径的举告文书。

根据《太平经》的记载，天庭对世人中有过恶者，将对其“减年”，使他身染鬼祟怪病，甚至使他死掉。对作恶不止、积恶甚多者，让他“致灾”，打入“死籍”即恶鬼行列，并且“殃流后生”，直至灭绝门户。《初平四年王氏镇墓文》中的“他殃咎”即指其他将累及后人的各种惩罚灾祸。

不过行恶但能自悔的人可转命籍于善曹，“有功善之人，为忠孝顺”，“而自责过无解已，更为上善人也。大神数往占视之，知行何如，有善意欲进者，且著命年在寿曹，观其所为，乃得复补不足”[①]。即命籍随善恶的改变有所改置，这也就是《初平四年王氏镇墓文》中所谓的“转”。

所以《初平四年王氏镇墓文》言“地下死籍削除，文、他央咎转”，即指死者可以不用录入死籍，“文”即《太平经》所言的“录籍文辞”[②]，可转录在善人籍或神仙之录，其他例如“殃流后生”等灾祸也可以避免。

《初平四年王氏镇墓文》中“要道中人”指掌管“要文大道的神人”。《太平经》中屡次出现“要文”“要文大道”等说法。如：

（13）飞明者，三光之小者也，皆连於地下，乃上悬

① 详见《太平经》卷一百一十有德人录命诀第一百八十一。

② 《太平经》卷一百十四九君太上亲诀第一百九十三：“录籍文辞，自生精光。皆以金为简，银成其文章，此簿在天君内，中极有副，其余曹文书辞，皆以奏简，自生文章，精神随字，名之光明。”

系于天，其动与地人民万物相应和，是要文之证也。(卷五十去邪文飞明古诀第六十七 · 校 170 页)

(14) 故古者圣贤重灾变怪，因自以绳正，故万不失一者，实乃与要文大道同，举事悉尽忠，无复凶。(卷四十三大小谏正法第五十九 · 校 100 页)

“五石之精”，黄景春按，“五石”指丹砂、曾青、雄黄等五种矿物质药物，据《神农本草经》，这些药物具有“杀精魅邪恶鬼”之功效。

《初平四年王氏镇墓文》文句整句意思是:用黄金千两镇冢门，解除死者的死籍，记录命禄的文书移至别处，各种殃祸免除。掌管要文大道的神仙混合五石为他安定冢门，保佑子孙，并用神瓶镇墓门。

附录2　相关文章

试说《太平经》中的"何以"与"以何"

——兼论先秦至东汉疑问代词宾语的位置问题[①]

疑问代字做介词宾语前置是上古汉语的一般规则（王力 2002：358），"何以……"正是一例。《马氏文通·代字篇》中说："'何'字单用于宾次者，为止词则先于动字，为司词则先于介字，不先者鲜矣。"又《介字篇》云："'以'司'何'、'是'两代字，倒置为常。"（吕叔湘、王海棻 1986：141/443）此外，何乐士（1989）考察过《左传》中的"何以"，发现"'何'作为疑问代词，和'以'连用时总位于'以'前"。鲁国尧（1992）则就战国中期口语性较强的文献《孟子》作过分析，结论是："代词'何'做宾语时必须放在介词'以'的前面。"看来在先秦时期，这一规则的确极少例外。而到了两汉，汉语的这

① 本文发表于《江西社会科学》2006年第5期。

种特殊词序有所变化，有学者注意到“疑问代词不前置的现象在先秦已有萌芽，到汉以后就明显起来”（杨伯峻、何乐士 1992:791）。孙良明（1989）通过分析汉代注疏材料（如郑玄《诗经笺》）中原文与释文的语法差异，指出“前置宾语句式到两汉基本消失”。

笔者考察东汉中后期的文献《太平经》后发现，书中疑问代词做介词宾语前置和后置并存，且前置仍有相当数量，还不能说“基本消失”。《太平经》是东汉中后期的道教典籍，内容“以阴阳五行为家，而多巫觋杂语”；文字风格“鄙俚支蔓，字句蹇涩”（王明1987），颇似口述的记录文本，有学者认为“大约从口耳传述到整理成书”（刘昭瑞 1992）。总之，作为语言材料，该文献口语性较强，可以说较真实地反映了当时语言的实际面貌。笔者着重调查了其中一个典型用法——疑问代词“何”做介词“以”宾语的位置，希望为认识先秦至东汉疑问代词做宾语的位置问题提供一点参考。

经统计，《太平经》中疑问代词“何”做介词“以”的宾语共114例，其中“何以”结构（即“何”位于“以”之前）43例[①]，“以何”结构（即“何”位于“以”之后）71例。对比分析《太平经》中“何以”与“以何”两种结构的用法发现：“何以”共有两种用法：

第一，介词“以”作“用”解，“何以”在句中做状语，询问方式、凭借或依据等，表示“用什么”、“依据什么”，有时有“怎么”“如何”之意。下简称“何以$_{(1)}$”。

第二，介词“以”作“因”解，“何以”在句中可做状语，可做谓语，询问原因，可译作“为什么”。下简称“何以$_{(2)}$”。

“以何”的情况有所不同，“以何”只具有相当于“何以$_{(1)}$”的

① 类似“夫天地不深知绝洞之道，以何为神乎？以何为寿乎？”这样的例句，文中为一句的统计中算作两处，其他统计数字同此。

一种用法，即只能询问方式、凭借、依据，而不能询问原因。下面具体讨论。

一、“以何”、“何以$_{(1)}$”、“何以$_{(2)}$”用法比较

（一）“以何”与“何以$_{(1)}$”的比较

1. 表义基本相同

疑问代词“何”做“以”的宾语，询问方式、凭借、依据等，可译作“用什么”、“怎样”、“如何”等，语法功能也类似。

（1）以何为初，以思守一，何也？（卷三十七五事解承负法第四十八·校59页）

《云笈七籤》[①]中作：“何以为初，思守一也？”这可以说是两者表义无别的最好证明。

此外，很多表义相近的例句有时用“何以”，有时用“以何”亦可证。如：

（2）何以明之？（卷一百十四天报信成神诀第一百九十七·校609页）

（3）尸鬼大兴，行病害人，为怪变纷纷，以何明之耶？（卷三十六三急吉凶法第四十五·校47页）

（4）力行是之后，承负之厄日少，月消岁除愈，何以知之乎？（卷四十二验道真伪诀第五十七·校92页）

① 《太平经合校》所用的参校书目之一，宋张君房编。

（5）以何知之也？（卷五十诸乐古文是非诀第七十七·校187页）

（6）真人前，天将佑帝王，以何为明证哉？（卷六十七六罪十治诀第一百三·校241页）

（7）今如此食粪饮小便，何可以为师。（卷一百十七天咎四人辱道诫第二百八·校654页）

例（2）（3），例（4）（5）及例（6）（7）中谓语完全相同（相同的动词，相类的宾语），很明显此处用“以何”还是“何以”意思并无差别。

此外，“何以(1)”与“以何”都可以和其他状语一起修饰动词。如：

（8）其人积众多，何以能致此，诸道士能洞反光者，能聚之乎？（卷七十二斋戒思神救死诀第一百九·校292页）

（9）今唯天师幸哀帝王久愁苦，不得行意，以何能致此贫富乎？（卷三十五分别贫富法第四十一·校29页）

以上例句，中间的状语为能愿动词。还可以和其他形容词、副词等共同修饰动词。如：

（10）物生皆自有老终，而愚人不肯力学真道善方，何以永享其年，不死迟老者。（卷九十冤流灾求奇方诀第一百三十一·校244页）

（11）凡事皆当如斯，以何审知其相应乎哉？（卷五十去邪文飞明古诀第六十七·校168页）

（12）真人何以乃知问是乎？（卷九十三国不可胜数诀第一百三十九 · 校390页）

（13）当以何能正得此书实哉？（卷五十一校文邪正法第七十八 · 校188页）

当然二者也有细微差别，如“以何”与动词之间可由连词“而”连接：

（14）以何而得知之？以何而与天地响相应也？（卷九十六忍辱象天地至诚与神相应大戒第一百五十三 · 校424页）

（15）今愿闻至诚以何而感动天地神灵乎？（卷九十六忍辱象天地至诚与神相应大戒第一百五十三 · 校425页）

这是书中仅有的2例，“何以$_{(1)}$”未见这种用法。

另外，书中“何以”与动词“为”搭配使用只有2例，而“以何”与动词“为”搭配使用则达21例，可见《太平经》中“为”作动词时更习惯采用“以何”提问。

但总体看来，二者用法没有本质区别，书中运用“以何”还是“何以”有较大随意性。从语法上看，一方面疑问代词宾语后置的现象大量出现，另一方面前置现象并未完全消失。

2. 使用频率上“以何”占优

书中“何以”结构共43例，用法（1）占29例，而“以何”则达71例。

虽然从数量上看，“以何”明显占优势，然而这并不意味着“以何”

的语法功能更强大，因为“何以”还有一种意义和用法是“以何”不具备的，这可能也是“何以”这一前置结构最终未被取代的原因之一。

（二）“何以$_{(2)}$”的意义及用法

《太平经》中“何以$_{(2)}$”在句中除做状语外，还可做谓语，用于询问原因，意义相当于“为什么”。

1. 做状语

“何以$_{(2)}$”在句中做状语共 13 例，从数量上看作状语是其主要功能。

第一，同“何以$_{(1)}$”一样，“何以$_{(2)}$”可以直接修饰动词。如：

（16）愿闻夫贤圣何以属东南方也？火之精为心，心为圣，木之精为仁，故象在东也。（卷六十九天谶支干相配法第一百五·校 272 页）

宾语也可由“之”充当。如：

（17）阳精何以禁之哉？（卷一百二十至一百三十六·校 693 页）

第二，也可和其他状语一起修饰动词。如：

（18）何以当学之以真德？夫人有真德，乃能包养无极之名字。（卷四十九急学真法第六十六·校 157 页）

（19）何以当学之以仁道也？仁者，乃能恩爱，无不包及。（卷四十九急学真法第六十六·校 157 页）

不同的是，“何以$_{(2)}$”可用于否定句，“何以$_{(1)}$”及“以何”未见这种用法。

（20）为鬼，何以独不有赦时。（卷一百十四不孝不可久生诫第一百九十四 · 校 599 页）

（21）是何以不即杀之，乃到此乎？（卷一百十七天咎四人辱道诫第二百八 · 校 599 页）

2. 做谓语

“何以”在句中做谓语《太平经》中仅见 1 例：

（22）夫天文乱，欲乐见理，若人有剧病，欲乐见治也，何以乎哉？（卷五十一校文邪正法第七十八 · 校 188 页）

做谓语是“何以$_{(1)}$”与“以何”都没有的用法。

为清晰起见，特列表对“何以$_{(1)}$”“何以$_{(2)}$”“以何”的用法加以对照（见附表）。

二、疑问代词“何”做介词“以”宾语的特点

通过对比可以发现《太平经》中疑问代词“何”做介词“以”宾语的几个特点：

第一，“何以为……”句式中未见“何以$_{(2)}$”的用法，又经统计知，书中“何以为……”只有 2 例，而“以何为……”则达 21 例，可见《太平经》中“为”做动词时更习惯采用“以何”提问。“何”做介词“以”

的宾语后再与动词“为”搭配，主要表达“何以$_{(1)}$”的意义，而从形式上看，书中以采用“以何为……”结构见常。

第二，与“不”连用，即“何”做“以”的宾语后再表否定时，只采用“何以”结构，即只有“何以不……”的用法，未见“以何不……”的用法。

第三，麦梅翘（1983）考察过《左传》中介词“以”的前置宾语，发现“‘以’及其前置宾语所构成的介宾结构不受副词修饰”，《太平经》中“何以$_{(2)}$”结构未见受副词修饰的用法，而“何以$_{(1)}$”可以受副词修饰。如：

> （23）及草木，子未能应上善之人也，财名为保全子身之人耳，又何以置天地乎？（卷四十七上善臣子弟子为君父师得仙方诀第六十三·校 135 页）

不过，“何以$_{(1)}$”受副词修饰仅此 1 例。“以何”受副词修饰则更为常见，共 10 例。有意思的是 10 例中除了一处“以何”前有两个副词[①]，其他 9 例中，修饰“以何”的副词均为“当”[②]。值得注意的是，句中出现同样的副词，在“何以……”句和“以何……”句中位置不同。如：

> （24）何以当学以真道哉？（卷四十九急学真法第六十六·校 157 页）
>
> （25）当以何能正得此书实哉？（卷五十一校文邪正

① 七十二卷《斋戒思神救死诀》：“归思天师教敕，有不解者。今不自知当皆以何能聚此诸绝洞虚靖反光能见邪者，怪之，今故相与俱来，共问之也。”

② 《太平经》中“以何”受副词修饰的所有用例附于文末。

法第七十八·校 188 页）

“何以”与副词“当”在句中同做状语书中共 3 例[①]，“当”全部位于“何以”后，与“以何”句中的副词“当”全部位于“以何”前修饰“以何”形成鲜明的对比。看来麦梅翘（1983）总结的《左传》“‘以’及其前置宾语所构成的介宾结构不受副词修饰”的规律在《太平经》中仍未有大的改变。

第四，虽然数量上“何以$_{(2)}$”少于“何以$_{(1)}$”，但从后附表 2 可以看出“何以$_{(2)}$”结构可灵活和其他语法成分搭配，基本成为一个固定格式。王力（2002:358）曾指出，“何以”这个结构一直流传到后来的书面语言中成为一个凝固的形式。从《太平经》看，在东汉中后期的实际口语中“何以”已成为一个“凝固的形式”。

三、 小结

一般认为“主语在前，谓语在后”，“动词、象词在前，其宾语、补语在后”为“汉语的基本语序”（史存直 1986），但语言在发展中会出现例外，比如宾语前置现象，然而这种特殊词序并非贯穿整个古汉语语法，而是处于动态的变化中。根据何乐士（1989）、鲁国尧（1992）的考察，先秦时期宾语前置是普遍现象。而到了东汉中后期的口语文献[②]中，通过《太平经》中“何以”“以何”用法的比较可以看到，疑问代词做宾语前置的规律已发生了很大变化，

① “何以当学以真道哉？”“何以当学之以真德？”“何以当学之以仁道也？”（卷四十九急学真法第六十六·校 157 页）

② 笔者统计了东汉买地券、镇墓文材料中疑问代词做宾语的情况，遗憾的是在目前可见的材料中只发现 1 处包含“何以”结构的例句，即光和二年王当买地铅券中的“何以为真？”，未发现“以何”用例，未能为本文提供更有力的证据。

一方面出现前置和后置并存的局面，这同时也更正了有的学者根据传统材料作出的“前置宾语句式到两汉基本消失”（孙良明1989）的结论；另一方面就同一介宾结构而言，宾语前置与后置用法并不完全相同，有的后置用法形成固定形式一直流传到后代，所以在代词宾语后置真正完成之后，书面语中仍可见“何以”这样前置的用法。

附：《太平经》中“以何”受副词修饰的所有用例：

（1）今为道，当以何为大戒，而得长成乎？学问当以何为大戒，而得到大官乎？治生聚财，当以何为大戒，而得致富乎？（太平经·卷九十八神司人守本阴祐诀第一百五十六·校439页）

（2）今不知当以何来，致此奇方殊策善字，乃悉得之。（太平经·卷八十八作来善宅法第一百二十九·校332页）

（3）令帝王垂拱而无可治，上善之人满其朝，忠信孝子皆毕备，当以何致之乎？（太平经·卷四十九急学真法第六十六·校157页）

（4）此何故乎哉？今当以何救之？（太平经·卷五十三分别四治法第七十九·校198页）

（5）今良和气且俱至人但当游，而无职事，当以何明其心而正其意，常使其忽然忘为邪恶，而日好为善，不知置？（太平经·卷四十九急学真法第六十六·校157页）

（6）不知可先后，当以何能正得此书实哉？（太平经·卷五十一校文邪正法第七十八·校187页）

（7）今人求道德及凡人行，当以何为急务哉？（太

平经·忍辱象天地至诚与神相应大戒第一百五十三·校425页）

（8）今不自知当皆以何能聚此诸绝洞虚靖反光能见邪者，怪之，今故相与俱来，共问之也。（太平经·卷七十二斋戒思神救死诀第一百九·校292页）

［附表］

表1:"何以$_{(1)}$"、"何以$_{(2)}$"、"以何" 用法比较

功能		何以$_{(2)}$	何以$_{(1)}$	以何
做状语	用于否定句	2	—	—
	句中动词是"为"	—	2	21
做谓语		1	—	—
可否受副词修饰		—	1	10
总计		3	3	31

表2:"何以$_{(1)}$"、"何以$_{(2)}$" 用法比较

功能			何以$_{(1)}$	何以$_{(2)}$
做状语	直接+动词	+单V	—	2
		+V+O	21（宾语为"之"9）	5（宾语为"之"2）
	+[ ]+V	+[ ]+V	8	1
		+[ ]+V+<>	—	1
		+[ ]+V+O+<>	—	2
		+[ ]+不+V+O	—	1
		+不+[ ]+V+O	—	1
做谓语			—	1
总计			29	14

附录 3　东汉砖文释文

（一）吉语砖文[①]

1. 单于和亲，千秋万岁，安乐未央。

2. 汉广益强，破胡灭羌，长乐未央。

3. 海内皆臣，岁登成孰，道毋饥人。

4. 夏阳扶荔宫令辟（壁），与天地无极。

5. 千秋万世，子孙益昌，长乐未英（央）。

6. 宜子孙，富益昌，乐未央。

7. 富乐未央，子孙益昌。

8. 千秋万岁，长乐未央。

9. 生人长寿。

10. 长富贵宜官。

11. 富贵昌宜宫堂。意气阳宜弟兄。长相思毋相忘。爵禄尊寿

---

① “吉语砖文”全部录自殷荪主编《中国砖铭》（1998）以及王镛、李淼编撰《中国古代砖文》（1990）。

万年。

12. 千秋万年。
13. 天下□世乐□。
14. 吉利宜王，吉金。
15. 利后世。
16. 利后子孙。
17. 百岁吉利。
18. 延年益寿。
19. 长生未央，日利千万。
20. 万事无极。
21. 万岁延年。
22. 长乐益寿。
23. 富贵。
24. 宜子孙。
25. 吉利。
26. 大吉。
27. 君冢所吉。
28. 富贵吉祥。
29. 长生寿考。
30. 江大利千万。
31. 子孙高千。
32. 贵人大寿。
33. 八千万岁。
34. 大吉子多所宜。
35. 宜子孙长大吉利。

（二）记名砖文

1. 王。

2. 里。

3. 山阳县曲子作。

4. 官大府大□。

5. 王君。

6. 可葬神。

7. 六百石中谒者。

8. 亭长。

9. 此人马者食公仓。

10. 燕王。王相。将军。

11. 东井灭火。

12. 田岁。

13. 巨千岁，阳夫□昌利，作者□。

14. 元马。

15. 善。

16. 米。

17. 安。

18. 鳖。[①]

19. 丁卖。

20. 薛师。

21. 大吉番禺。

---

① “记名砖文”的1—18条录自《中国砖铭》。

22. 番禺大治历。
23. 黄君法行孝女尗芍。
24.（n075）[①] 万头六。
25.（n125）大吉昌骆公。
26.（n125）四年七月骆平公作。
27.（n125）延光四年七月骆工。
28. 王。章。
29. 巨张牢。
30. 张公家后之墓。
31. 罗妇张老葬也。
32. 吾阳成北千无不为孝廉河东公府掾史五曹治。
33. 大。
34. 大章志。
35. 乘万石。
36. 白米囷。[②]
37. 会稽。[③]
38. 会稽曹君。
39. 沛相孟郁字敬达。
40. 故颍川□[④] 曹褒。

---

① 括号内的数字表示年代，"n075" 公元 75 年。下同。

② "记名砖文" 的 19—36 条录自期刊，详细出处见后附表格。

③ "记名砖文" 的 37—61 条为出土于安徽亳州曹氏（东汉后期宦官曹騰一族）的宗族合葬墓地的字砖铭文。出土于此地的砖文，著录著作及学者在引用时一般称作"曹氏宗族墓砖文(刻辞)"。本论文在绪论中主要从内容上对东汉的砖瓦陶文进行介绍，所以未采用这一称呼。这批字砖的原文影印发表在《文物资料丛刊》第二辑第 142 页，本书主要据此整理字砖释文。

④ 残字用此符号表示。全书同。

41. 长水校尉曹炽字符盛。
42. 故长水校尉沛国谯炽。
43. 河间明府。
44. 吴都太守曹鼎字景节。
45. 曹□。
46. □郡太守谯曹鸾。
47. 牛头也，曹□。
48. 谯功曹史曹胡再拜谒职事。
49. □太守沛国□字巨坚。
50. 谯令中山卢奴尉敦享敷。
51. 长安左丞及治。
52. 夏侯君。
53. □费亭侯曹忠字巨高。
54. 稽留比□左君。
55. 东部督王炽字符异。
56. 令左史忠。
57. 卒史侍。
58. 缪婴公侯。
59. 吴敬高大士大夫。
60. 君侯。
61. 乙吾。

（三）记数砖文

1. 二百卌枚。

2. 卌三。

3. 六十四。

4. 廿六。

5. 长一，平二,万岁。

6. 百八十广□。

7. 三百五□。

8. 陵二百,百□。

9. 百八十左右。

10. 回。

11. 五铢。

12. 大泉五百。

（四）纪年记时砖文[①]

1.（n038）[②] 建武十四年。

2.（n040）建武十六年作。

3.（n051）持节使者北宫卫令邵君千秋之冢，建武廿八□□□王□工李□作。

4.（n058）永平元年二月作。

5.（n058）永平惟岁戊寅[③]。

6.（n062）永平五年二月造。

7.（n063）永平六年。

---

① “纪年砖文”录自《中国砖铭》139条,《中国古代砖文》15条,《浙江砖录》（清·冯登府）5条。

② 括号中的数字代表公元纪年。下同。

③ 冯按:永平无戊寅，当是戊午、戊辰之类。（清）冯登府《浙江砖录》,自刊本。

8.（n063）永平六年七月。

9.（n063）永平六年王。

10.（n063）永平六年造。

11.（n064）永平七年七月十一日。

12.（n065）永平八年十二月十七日造。

13.（n066）永平九年西王母起冢。

14.（n069）永平十二年九月。

15.（n070）永平十三年，文平。

16.（n070）永平十三年□。

17.（n070）永平十三年三月作。

18.（n073）永平十六年二月十二日作此壁。

19.（n073）永平十六年四月廿二日姚孝经买槁伟冢地约亩出□有名者以券书从事，□□弟□周文功。

20.（n075）永平十八年。

21.（n075）永平十八年。

22.（n075）永平十八年造。

23.（n076）□以十五□六受诗，以十八受易，以十九受春秋，以建初元年孟□，以庚子其味爽□。

24.（n076）□字受礼，以十六受诗，以十七受春秋，以建初元年孟夏味爽□，以□六月廿六日。

25.（n076）建初元年殷是。

26.（n077）建初二年九月廿日。

27.（n077）建初二年七月。

28.（n077）建初二年作此受负。

29.（n078）建初三年。

30.（n078）建初三年八月廿日，汝伯宁日万岁全大利善。

31.（n078）建初三年作。

32.（n079）□□行丧如礼。

33.（n079）初四年终少子侵行丧如礼，太岁在。

34.（n079）父以建武廿五年，母以建初四年终，少子。

35.（n079）父以建武廿五年，母以建初四年终。少子侵行丧如礼，太岁在以佯（祥）。

36.（n079）父以建武廿五年母□。

37.（n079）建武廿五年，母以建初四年。终少子侵行丧如礼，太岁在以佯（祥）。

38.（n080）建初五年二月。

39.（n083）建初八年造。

40.（n084）建初九年作。

41.（n084）建初九年作。

42.（n084）元和元年□。

43.（n084）元和元年八月廿日治丧。

44.（n085）元和二年七廿二日长安男子□。

45.（n086）元和三□五月丙戌朔谢君久造此墓。

46.（n086）元和三年。

47.（n086）元和三年八月，莫氏丁未朔作壁。

48.（n088）章和二年九月造作。

49.（n088）章和二年九月作。

50.（n091）永元三年。

51.（n091）永元三年所作。

52.（n092）永元四年五月八日所记。

53.（n093）永元五年四月十日作。

54.（n094）宣化宜世弹休之藏永元六年始造。

55.（n094）永元六年。

56.（n094）永元六年八月造。

57.（n094）永元六年太岁在午。

58.（n094）永元六年宜世里宗墼和后安乐。

59.（n094）永元六年作。大吉宜子孙。

60.（n096）永元八年。

61.（n096）永元八年六月都尉府□。

62.（n096）永元八年十月。

63.（n097）永元九年甘溪造，万岁富贵。

64.（n098）永元十年七月廿二日掾物故故都尉掾年七十八三易。

65.（n098）永元十年七月作。

66.（n098）永元十年造作，项亦吴。

67.（n098）永元十年造作。

68.（n099）永元十一年。

69.（n099）永元十一年三月。

70.（n100）永元十二年三月十二日黄邴作牢。

71.（n100）永元十日具享□作壁日□。

72.（n101）永元十三年八月杜少明作。

73.（n101）永元十三年大大吉利，岁□辛丑八月廿日作。

74.（n101）永元十三年大大吉利，岁在辛丑八月廿日作。

75.（n101）永元十三年岁在辛丑。

76.（n102）永元十四年。

77.（n102）永元十四年大□□。

78.（n102）永元十四年死者复。

79.（n103）永元十五年二月作。

80.（n104）永元十六年九月作。

81.（n104）永元十六年九月作。

82.（n104）永元十六年造。

83.（n105）元兴元年八月八日造。

84.（n106）延平元年八月谷旦。

85.（n106）延平元年八月廿日造。

86.（n106）延平元年七月四日造。

87.（n107）永初元年□。

88.（n107）永初元年十月作。

89.（n109）永初三年八月孟氏作大壁，岁己酉。

90.（n109）永初三年八月十二日作师王平甓。

91.（n109）永初三年八月作，太岁在己酉。

92.（n109）永初三年七月作，长尺七寸广八寸。

93.（n110）永初四年。

94.（n113）永初七年。

95.（n113）永初七年作冢大富贵。

96.（n118）元初五年造，后子孙富贵寿。

97.（n119）元初六年。

98.（n120）永宁元年八月十三日立。天灾生，人杰出。

99.（n120）永宁元年。

100.（n120）永宁元年七。

101.（n120）永宁元年一月一日作。

102.（n121）建光元年八月十五日作是法。

103.（n121）建光元年八月四日作，平万世长乐无极。

104.（n122）延光元年八月廿日。

105.（n122）延晃（光）元年封穴闰月十八日，物以太岁壬癸。

106.（n125）八千万矦。

107.（n125）悲工哉乎。

108.（n125）悲乎工哉。

109.（n125）延光四年七月造作牢坚谨。

110.（n126）永建元年七月一日丁丑，庚午作。

111.（n129）永建四年造此。

112.（n130）永建五年八月十日。

113.（n133）阳嘉二年七月。

114.（n134）阳嘉三年二月。

115.（n136）永和元年吴君立。

116. 永和□年八。大吉详（祥）宜子孙。

117.（n137）永和二年八月造。

118.（n137）永和二年二月十三日辛卯杨裳物故，时太岁在□。

119.（n138）永和三年造。

120.（n139）永和四年十月城阳晁氏。

121.（n140）永和四年八。百世。

122.（n140）大吉详（祥）宜子孙，永和五年。

123.（n140）永和五年八月宣嘉壁，大吉详（祥）宜子孙。

124.（n142）汉安元□。

125.（n142）永和七年作。

126.（n145）永加（嘉）元年八月十日立作之也。

127.（n146）本初元。

128.（n146）本初元年岁在丙戌造作助。

129.（n147）建和元年八月。

130.（n150）和平元年六月十四日平阴李。

131.（n153）永兴元年神师所作坚。

132.（n154）永兴二年四。

133.（n157）永寿三年作。

134.（n159）延熹二年。

135.（n159）延喜（熹）二年八月甲子朔廿日作壁。

136.（n161）延熹四年太岁在辛丑。万世老寿，阳遂富贵。

137.（n162）延熹五年八月。

138.（n164）延熹七年五月九日己卯日入时雨。

139.（n167）永康元年王氏万年。

140.（n168）北乡五风里番作。

141.（n168）建宁元年八□。

142.（n168）建宁元年八月。

143.（n168）建宁元年八月十日造作。

144.（n168）建宁元年九月十日。

145.（n168）建宁元年山阴□周里番造寿墓此。建宁元年四月马莂。飞马。

146.（n168）永康二年岁在戊申吴作。

147.（n170）建宁三年造。

148.（n172）熹平元年四月廿。

149.（n173）熹平二年。

150.（n174）熹平三年四月造。

151.（n174）熹平三年造。

152.（n178）光和元年四月制。

153.（n183）光和六年保子宜孙。

154.（n189）中平五年七月□万世富贵。万岁。

155.（n190）中平元年。

156.（n193）太岁在甲戌初平五年。

157.（n196）建安元年六月造作。

158.（n196）建安元年三月上旬造□。

159.（n197）建安二年。

160.（n198）建安三年□。

161.（n205）建安十年作。

162. 以五月十二日作。

163. 六月七日来。

164. 七月九日下坯。

165. 七月晦日良。

166. 此上后日作。

167. 作坯从此北。

168. 断行廿六枚，东西共。

169. 叹惟九月上旬之。

（五）记墓砖文①

1.（n062）蜀郡江原完城旦□米代□永平五年八月二日死。

---

① “记墓砖文”的 1—119 条为东汉都城洛阳附近（今河南省偃师县）的刑徒墓出土的墓砖上的文字。因出土于刑徒墓，所以学界一般称之为“刑徒砖文”，这是就出土地点及砖文所记死者的身份而言的；本文所谓的“记墓砖文”是就砖文内容而言的。出土于东汉刑徒墓的砖文，最早著录的是清代收藏家端方的《陶斋藏砖记》及罗振玉《恒农冢墓遗文》《恒农专录》。1964 年又从洛阳的刑徒墓地出土大量砖文，发掘简报载《考古》1972 年第 4 期。而直到目前仍然欠缺对这批字砖释文的集中整理。本论文对照已发表的砖文原样图片及前人的著录，将出土于东汉刑徒墓的砖文作了集中整理，便于进一步进行语言文字研究。

2.（n086）元和三年□月七日弘农卢氏完城旦史中死在此下。

3.（n087）元和四年三月□日六安舒鬼新犂错死在此下。

4.（n087）章和元年九月廿七日京兆长安左章髡钳死在此下。

5.（n088）章和二年二月□日安巢髡钳陈李□□□下。

6.（n088）章和二年□相司□下。

7.（n089）永元元年四月四日左冯翊万年髡钳毕通死在此下。

8.（n089）永元元年七月□留酸枣完城旦吴颜死在此下。

9.（n089）永元元年十一月八日豫章宜春完城旦梁东。

10.（n090）永元二年九月七日江夏蕲春司寇霸死在此下。

11.（n090）永元二年九月廿日颖川武阳髡钳东门当死在此下。

12.（n090）永元二年河南□张娆死在此下。

13.（n091）永元三年六月十日无任陈留尉是完城旦贵伯死。

14.（n092）永元四年二月廿八日无任卢江六安完城旦严中死在此下。

15.（n092）永元四年三月八日无任东郡燕完城□□客死在此下。

16.（n092）永元四年三月九日河内山阳髡钳胡死在此下。

17.（n092）永元四年三月廿日无任卢江六安髡钳□□死在此下。

18.（n092）永元四年五月十六日南阳宛完城旦黄死在此下。

19.（n093）永元五年二月七日无任江夏安陆鬼新张中死此中。

20.（n094）无任河南雒阳髡钳封平死永元六年闰月八日。

21.（n094）□城旦张护永元六年十二月十四日物故死在□下。

22.（n094）南阳完□旦黄□永元六□三日物故。　□

23.（n101）任□南□完城旦左□永元十三年七月□日物故死

在□□。

24.（n105）□任济阴甄城完城旦张常元兴□年六月九日物□死在此下。[1]

25.（106）无任南阳鲁阳完城旦焦石延平元年八月十四日物故。

26.（n106）□无任东阳髡钳李陵延平元年三月一日物故。

27.（n106）部无任□[illegible]髡钳□于延平元年二月廿二日物故。

28.（n107）右部无任少府若卢髡钳尹孝永初元年五月四日物故死在此下。（无拓本）

29.（n107）右部勉刑济阴甄城司寇任可永初元年五月十二日物故死在此下。（无拓本）

30.（n107）右部无任清河厝髡钳宋文永初元年五月十四日物故死在此下。

31.（n107）右部无任陈留圉髡钳赵棠永初元年五月廿一日物故死在此下。

（n107）无任赵棠。

32.（n107）右部无任南阳析完城旦谢金永初元年五月廿三日物故死在此下。

（n107）谢金。

33.（n107）右部无任上党复留完城旦王平永初元年五月廿四日物故□在此下。

34.（n107）右部无任南宛髡钳陈便永初元年五月廿五日物故死在此下。

（n107）南阳宛陈便。

---

① 《陶斋藏砖记》按：元兴纪元，汉和帝吴归命侯晋安帝并用之，此砖以字体及城旦之名定为汉物。

35.（n107）右部无任乐安博昌髡钳朐平永初元年五月廿五日物故死在此下。

（n107）无任朐平。

36.（n107）右部无任梁国下邑髡钳魏中永初元年五月廿七日物故死在此下。

37.（n107）右部无任东海阷郯鬼新张便永初元年五月廿八日物故死在此下。

（n107）无任张便。

38.（n107）右部无任陈留□黄髡钳孟中永初元年六月四日物故死在此下。

（n107）孟中。

39.（n107）右部无任陈国陈鬼新虞少永初元年六月四日物故死在此下。

（n107）无任虞少。

40.（n107）右部无任□冯翊夏阳髡钳李小永初元年六月□□物故死在此下。

（n107）无任李小。

41.（n107）右部无任汝南新钳费免永初元年六月四日□故死在此下。

42.（n107）右部无任巨鹿广宗髡钳却威永初元年六月六日物故死在此下。

43.（n107）右部无任沛国与秋司寇周捐永初元年六月十一日物故死在此下。官不负。

44.（n107）右部五任汝南瞿阳髡钳冯少永初元年六月十八日物故死在此下。

45.（n107）右部无任勉刑颍川颍阴鬼新范雍不能去留官□致医永初元年六月廿五日物故死在此下。（无拓本）

46.（n107）右部五任下邳下相髡钳曹福代胡非永初元年六月廿六日物□。

47.（n107）无任南阳武阴完城旦捐祖永初元年七月九日物故死在此下。

（n107）无任捐祖物故死在此下，官不负，寄葬。

48.（n107）右部无任江夏鄂完城旦谢郎永初元年七月一日物故死在此下。

（n107）无任谢郎。

49.（n108）右部无任沛国赞完城旦谢亥永初二年正月廿六日物故。第四。官不负。

50.（n108）右部弟三无任任城髡钳时赦永初二年四月廿八日物故死在此下。

51.（n108）□部无任东平寿张完城旦吕午永初二年七月廿七日物故死在此下第四茏。

52.（n108）□任陈留后仪完城旦张中永初二年十月廿九日物故死在此下。

53.（n113）乐城下博完城旦阎渊永初七年四月十一日死在此下。

54.（n115）无任彭城□□钳鋈金元初二年正月廿一日死。

55.（n115）无任□国陈钳向利元初二年正月廿一日死。

56.（n115）无任东□完城旦丁熊元初二年正月廿四日死。

57.（n115）无任沛国□相髡钳丁何元初二年正月廿三日死。

58.（n115）无任汝南邵陵髡钳胡开元初二年五月十五日死。

59.（n115）五任河东□□髡钳王贵代子生元初二年五月十八日死。

60.（n115）无任汝南安□髡钳□□元初二年六月十六日死在此下。

61.（n115）无任东莱昌阳髡钳太史少元初二年六月十七日死在此下。

62.（n119）无任河南雒阳金陵元初六年闰月六日死。

（n119）无任河南雒阳金陵。

63.（n119）无任陈留封丘髡钳王勤元初六年闰月六日死。

64.（n119）无任颍川舞阳司寇木召元初六年闰月十八日死。

65.（n119）无任济阴城武完城旦渭阳元初六年闰月廿三日死。

66.（n119）无任南阳邓髡钳干虑元初六年闰月廿三日死。

67.（n119）无任庐江寻阳髡钳张午元初六年闰月廿四日死。

68.（n119）无任丹阳石成髡钳吴指元初六年闰月廿五日死。

69.（n119）无任南郡□□髡钳陈元元初六年闰月廿六日死。

（n119）无任南郡□□髡钳陈元。

70.（n119）无任河南雒阳髡钳董未元初六年闰月廿七日死。

（n107）无任河南雒阳髡钳董未。

71.（n119）无任颍川定陵完城旦应丁元初六年闰月廿九日死。

（n119）无任颍川定陵完城旦应丁闰月廿九日死。

72.（n119）无任汝南宜春完城旦池建元初六年闰月廿九日死。

（n119）无任汝南宜春完城旦池建。

73.（n119）无任会□□髡钳周恩元初六年二月五日死。

74.（n119）无任陈留封丘髡钳王勤元初六年闰月六日死。

75.（n119）无任河南雒阳髡钳赵巨元初六年闰月四日物故死。

76.（n119）五任汝南南顿鬼新黄柏元初六年闰月二日死。（无拓本）

77.（n120）左无任南阳武阴完城旦委文永宁元年五月十二日死。（无拓本）

78.（n124）无任河南于陵完城旦李寿延光三年十二月十五日死左部。（无拓本）

79.（n125）左部无任东郡濮阳完城日夏侯当延光四年九月一日物故在此下。

80.（n125）无任南阳宛完城旦梁奴延光四年十月廿二日死第十六。

81.（n168）左无任任城鬼薪纡便建宁元年七月十六日物故。

82.（n170）无任陈留襄邑髡钳李□建宁三年二月十九日物故。

83.（n172）右无任汝南山桒髡钳宣晓熹平元年十二月十九日物故。

84. □年四月十二日颍川郏完城旦杜伯死在此下。

85. 年十二月□日河内汲鬼新□在此下。

86. □年三月十日扶风武江完城旦□死在此下。

87. 梁国下邑髡钳赵中。

88. 梁国张思物故死在此下。

89. 南阳宛完城旦周阳物故死在此下。

90. 无任江夏安陆完城旦张中死此。

91. 弩文死。

92. 叔纡死。

93. 苏松死。

94. 孙雀死。

95. 哀升死。

96. 张戎死。

97. 鄭少死。

98. 李代死。

99. 袁葙死。

100. 王当死。

101. 陈伯。

102. 龚伯。

103. 戴雅。

104.（n107）东阿死。

105.（n107）夏伯。

106.（n107）王苛。

107.（n107）仓寄。

108. 无任汝南□阳髡钳武丑永初□年四月廿四□。

109.（n119）五任南阳鲁阳鬼新胡生代路次元初六年闰月□。

110. 四年二月十八日无□河莫髡钳田□□在此下。

111. 梁国谷孰司寇秦□代□孙。

112. 临沮□在此。

113. 孙成死□下。

114. □无□□钳西陕□。

115.（n094）南阳完□旦黄□□。

116. 无任汝南俱□。

117. 无任颍川昆完城旦张达二年八月廿六□物故□。

118. 冯翊□□任张永□年十月廿日死。

119. 任陈留扶蒲鬼新赵孟二月七日死。

120. 会稽曹君丧躯。

121. 会稽曹君天年不幸丧躯。

122. 念会稽府君弃离帷屋。

123. 会稽明府早弃春秋不竟世。

124. 比美诗之此为曹腾字季兴。

125. 山阳太守曹勋遭疾不豫。

126. 丁掾永豪致擢曹侯女孝。

127. 王左死奴复死苛。

（六）表达书写刻画者的所思所感

1. 叙叹之高世感德之棠棠为汉所炽。

2. 勉力讽诵。

3. 乃至没君，小人当即蹟到亲拜丧。

4. 为蒙恩将报。

5. 岁不得赌。人谓壁作乐，作壁正独苦，却来却行壁，反是怒皇天。壁长契。

6. 大贵。

7. 必忠。

8. 再拜。

9. 当令备□。

10. 买汝作壁可棠（赏）。

11. 吾本自平原自姓为张。

12. 沽酒各半各。

13. 吾家殊忘之，今有少西大漯，自知久勿还。

14. 嫌道漯躯张轮翕当若然。

15. 今来至王成家西作壁，大渑不可用于身□□我作。

16. 王复汝使珓人作此大壁，径冤珓人不知也，但持汝属仓天乃死当□□。

17. 为将奈何吾真愁怀。

18. 属昨自语谴愁不白别有区衷。

19. 置掾景兴侍者勤苦，暑热顾不知，沽息楣格平安□。

20. 当奈何。

21. 了忽焉。

22. 无想俱然之焉。

23. 顷不相见。

24. 一日持书平安世何等言千□君临无可食。

25. 掩辛间五内若伤何所感起。

26. 日光芜芜。

27. 有佞人以时盟不?

28. 蝩蝗所中不得自废也。

29. 顷不相思。

30. 作苦心丸。

31. 日夙且休干。

32. 成壁但冤余。

33. 自砖出之安□何等看子大宅□无可食。

34. 纪绝事止食。

35. 酸五升配酖。

36. 谊将炤我身将损腐。

37. 黑夜景（影）作招。

（七）东汉砖质买地券释文

1. 刘元台买地砖券（熹平五年，176）

熹平五年七月庚寅朔十四日癸卯，广□乡乐成里刘元台，从同县刘文平妻□□代弟里冢地一处，贾钱二万，即日钱毕。南至官道，西尽坟渎，东与房亲，北与刘景□。为冢时临知者刘元泥、枕安居，共为券书，平执。不当卖而卖，卒为左右所禁，固平□为是正。如律令。

出处：蒋华《扬州甘泉山出土东汉刘元台买地砖券》，《文物》1980 年第 6 期。①

2. 刘公则买地砖券（光和五年，182）

光和五年□告墓上墓下中央主土，敢告墓伯、魂门、亭长、墓主、墓皇、墓臽：□刘公早死，今日合墓，□□□□上至仓天，下至黄泉，青骨死人刘公则，自以家田三梁，中有尺丈，券书明白，故立四角封界，大□士谨为刘氏之家解除殃咎，五残六残，女□行骨，七十二不残，夭□如光，八尸九欲，或有□有□，生死异路，不得相妨。死人归蒿里，戊己地之地下，不得苛止，他时不□无适有富（福），利生人子孙。公则无得劳苦，无呼鸡□，无得苛禁，无责生人□令死人无适，鸡子雏□，□券华荣、□诸神□□。何以为信？尺六桃券为□。公则绝道，上绝天文，下绝地理，绝墓葬□□适除解，千秋万代，□复死者。世世富贵，永宜子孙。

3. 甄谦买地砖券

券书明白，故立四角封界。□为□家解除殃咎，八尸九□，或

---

① 有出处的标明出处，未标明的出处见后附表格。

有死日不□复不吉□不得相防，死人归蒿里□地下瓦下不得□子孙。孝恭夹一岁□苦无呼，繇无□上绝天文，下绝地理，□永宜子孙。

（八）东汉砖质镇墓文

1. 汉后赵墓朱书陶瓶

□死人公□死亡归□土，何□来相聚苦，生人自属西长安，死人自□。

2. 延光元年陶质镇墓文（延光元年，122）

延光元年□□十四日，生人之死别解，生自属长安，死人自属丘丞墓。汝□三千，生人食三谷。死入土，生上堂，死人深自臧，如律令。

3. 户县曹氏陶罐镇墓文（阳嘉二年，133）

阳嘉二年八月己巳朔，六日甲戌徐。天帝使者，谨为曹伯鲁之家移殃去咎，远之千里，咎殃大桃不得留，□□至之鬼所，徐□□，生人得九，死人得五，生死异路，相去万里。从今以长保孙子，寿如金石，终无凶。何以为信，神药厌填，封黄神越章之印。如律令。

大阳之精，随日为德，利以丹沙，百福得。如律令。

出处：陕西省考古研究所禚振西《陕西户县的两座汉墓》，《考古与文物》1980 年第 1 期。

4. 建和元年加氏镇墓文（建和元年，147）

建和元年十一月丁未朔十四日解，天帝使者谨为加氏之家别解，地下后死妇加亡，方年二十四，等汝名借，或同岁月重复，钩挍日死;或同日鸣重复，钩挍日死。告上司命、下司禄，子孙所属告墓皇使者，转相告语，故以自代铅人。铅人池池，能舂能炊，上车能御，把笔能书。告于中高长伯上游徼。千秋万岁，永无相坠。物与生人食□九人□□□□。

永元十六年十二月庚戌□死者壹去不反皇。

出处:陕西省文物管理委员会《长安县三里村东汉墓发掘简报》,《文物参考资料》1958年第7期。

5. 北斗君主四鬼陶罐镇墓文

北斗君，主乳死咎鬼，主句死鬼，主市死蕃鬼，主星死菩鬼。

出处:王育成《南李王村陶瓶侏书与宗教文化问题与研究》,《考古与文物》1996年第2期。

6. 南李王村张氏镇墓文

游光、地柱、南组、北斗、三稆、七星主别解,张氏后死者句（拘）伍重复，敀持铅人、人参、雄黄解，佳、襄草别，羁以代生人之名。急如律令!

出处:安志、马志军《长安县南李王村发掘报告》,《考古与文物》1990年第4期。

7. 宝鸡市铲车厂汉墓镇墓文

Ml: 11陶瓶镇墓文:

黄神北斗主为葬者雎方镇解诸咎殃，葬犯墓神墓伯，不利生人者。今日移别，墓冢无殃。雎方等无责子孙、子妇、姪弟，因累大神。利生人后世子孙，如律令。

M1: 21 陶瓶镇墓文：

黄神北斗主为葬者阿丘镇解诸咎殃，葬犯墓神墓伯，行利不便。今日移别，殃害须除，死者阿丘等无责妻子、子孙、侄弟、宾者，因累大神，如律令。

出处：宝鸡市博物馆《宝鸡市铲车厂汉墓——兼谈M1出土的行楷朱书陶瓶》,《文物》1981年第3期。

8. 元嘉二年陶瓶朱书镇墓文（元嘉二年，152）

元嘉二年十二月丁未朔十四日甲申，黄帝与河南□氏□□中华里许苏阿铜□刑宪女会合，神药以镇□冢宅□□，七神定冢阴阳，死人无□□，生人无过。苏痦之后生人阿铜宪女适过，为设五石人参解□□□安井（注）瓶，神明利冢。许苏氏家生人富利，从合日始。如律令！

出处：《考古学报》1956年第2期。

9. 永寿二年陶瓶镇墓文（永寿二年，156）

永寿二年五月，直天帝使者旦□□□之家，填寒暑，移大黄印章，□佼四时五行，捕取五□，冢之符昼一制，日夜□□乘传居暑，趆度阂梁，堇摄录佰鬼，名字无合得桃亡，近留行，远得生，□傒山主濩致荣□□□□旦女婴，执火大夫烧汝骨，风伯雨师扬汝灰，□成其上没成其下，秦其□汝，黄帝呈下，[水]神玄武其物主者慈石□□建□。

出处：蔡运章《东汉永寿二年陶瓶镇墓文考略》,《考古》1989年第7期。

10. 成桃椎朱书陶瓶镇墓文(永寿二年，156）

永寿二年二月已未朔廿七日已酉直，帝使者告丘丞墓伯，地下二千石：今成氏之家，死者字桃椎，死日时重复，年命与家中生人相拘籍，到，复其年命，削重复之文，解拘伍之籍，死生异簿，千秋万岁，不得复相求索。急急如律令。

出处：日本中村书道博物馆藏书《书道全集》卷三；刘昭瑞《〈太平经〉与考古发现的东汉镇墓文》，《世界宗教研究》1992 年第 4 期。

11. 刘孟陵镇墓文（永寿二年，156）

永寿二年三月己未朔二日己酉直执，谨为刘孟陵填（镇）厌。县官敢告东方，吏事生于甲乙，谋议欲来，暴病足膝，昼且啼哭，夜不得卧，便休不来会，事□□□。敢告南方，吏事生於丙丁，谋议欲来，反还□□。敢告西方，吏事生于庚申（辛），谋议欲来，暴病腹□□。敢告北方，执事生于壬癸，谋议欲来，暴病欲□无□不得履。□□中央，吏事生于戊己，谋议欲来，暴病不起□，皆不得来会，□□不能言，□前事以决，襄祸门，去辟四方吏事及土功，急如律令。

出处：日本中村书道博物馆藏书《书道全集》卷三；刘昭瑞《〈太平经〉与考古发现的东汉镇墓文》，《世界宗教研究》1992 年第 4 期。

12. 灵宝张湾杨氏镇墓文

天地使者谨为杨氏之家镇，安隐冢墓，谨以铅人金玉为死者解适，为生人解罪过。瓶到之后，令母人为安。宗君自食地下租，岁二千万，令后世子子孙孙土宦，位至公矦富贵将相不绝。移丘丞墓□下当用者。如律令！

出处：河南省博物馆《灵宝张湾汉墓》，《文物》1975 年第 11 期。

13. 洛阳唐门寺成氏陶罐镇墓文

M 1: 66 陶罐镇墓文：

天帝白止，告天上使者凶之吏，今有小杜里成氏后死子贝，二十一美建颁泉为距□瓶，十八物□龟神药，□绝钩注、重复、君央。使死利生，□□相防，他如律令。

Ml:106 陶罐镇墓文:

□酒□无凶□后死妇□美不得相防□注安□

出处:洛阳市文物工作队《洛阳唐门寺两座汉墓发掘简报》,《中原文物》1984 年第 3 期。

14. 韩袱兴陶罐镇墓文（延熹九年，166）

延熹九年十月丁巳朔五日辛酉直开，移五部中都二千石、丘丞墓伯、家侯司马、地下瓶羊，令韩袱兴家中前死安，千秋万岁。物复相求动伯，生人自有宅舍，死人自有棺椁，生死异处，无与生人相索。镇家雄黄，四时五行可除咎，吉央富贵毋极，如律令。

出处:王泽庆《东汉延熹九年硃书魂瓶》,《中国文物报》1993 年 11 月 7 日第 3 版。

15. 张叔敬瓦缶镇墓文（熹平二年，173）

熹平二年十二月乙巳朔，十六日庚申天帝使者告张氏之家三丘五墓，墓左墓右，中央墓主，塜丞塜令，主塜司命，魂门亭长，塜中游击等，敢告移丘丞墓伯地下二千石，东塜侯，西塜伯，地下击植卿，蒿里伍长等。今日吉良，非用他故，但以死人张叔敬，薄命蚤死，当来下归丘墓。黄神生五岳，主死人录;召魂召魄，主死人籍。生人筑高台，死人归深自狸（埋）。眉须以落，下为土灰。令故上复除之药，欲令后世无有死者。黄豆瓜子，死人持给地下赋。立制牡厉，辟除土咎，欲令祸殃不行。传到，约敕地吏，勿复烦扰张氏之家。急急如律令。

出处:郭沫若《奴隶制时代》94 页，人民出版社 1954 年。

16. 胥氏陶瓶镇墓文（熹平四年，175）

大山将阅人熹平四年十二月甲酉朔三日丙申天帝移封镇口邑里死人胥口台家墓，移丘承墓伯、地下□□□、□上墓下，中央大□、墓左□□□□□蒿里父老，令胥口台家子孙永世无□，□复有死者。上天仓仓，地下芒芒，死人归阴，生人归阳，□□□里，死人有乡，生人属西长安，死人属东大山，乐无相□，□无相思。大山将阅人，□□□□地下有适，蜜人代行。□惟千秋万岁，不得复□里人相□。令胥氏家生人子孙富贵豪疆，訾财千亿，子孙番息。谨奉金银□□以谢墓主。封镇到□□□胥氏家冢中三曾五祖，皇□父母，离丘别墓，后葬之勿令伐作，各安其所，旷户以闭，累君后世，令无死丧。他如天帝日止镇律令。

出处:罗振玉《古器物识小录》。

17. 初平元年朱书陶瓶镇墓文（初平元年，190）

初平元年七月□□初□，□□奉谨为刘氏之家□去皇男字阿属解诸句□□诸句校岁月句校天地……

出处:林泊、李德仁《临潼发现汉初平元年墓》,《文博》1989年第1期。

18. 初平四年王氏镇墓文（初平四年，193）

初平四年十二月已卯朔十八日丙申，直危，天帝使者谨为王氏之家,后死黄母当归旧阅。兹告丘丞莫（墓）伯地下二千石、蒿里君、莫（墓）黄莫主莫故夫人决曹尚书，令王氏冢中先人无惊无恐，安隐（稳）如故。令后曾（增）财益□，千秋万岁，无有央咎。谨奉黄金千斤两，用填（镇）冢门。地下死籍削除，文他央咎转。要道中人和以五石之精，安冢莫（墓），利子孙，故以神瓶震（镇）郭门。如律令！

出处:唐金裕《汉初平四年王氏朱书陶瓶》,《文物》1980 年第 1 期。

19. 陈刻敬瓦缶镇墓文（熹平元年，173）

熹平元年十二月甲申，为陈刻敬等立冢墓之根。为生人除殃，为死人解适。告西冢公伯、地下二千石、仓林君、武夷王,生人上就阳,死人下归阴。生人上就高台，死人深自藏。生人南，死人北，生死各自异路。急急如律令。善哉陈氏吉昌，恶者五精自受其殃。急急。

出处:刘正成主编《中国书法全集》卷九，荣宝斋出版社。

20. 光和二年段氏陶瓶镇墓文（光和二年，179）

光和二年二月乙亥朔是一日己酉直破厌，天帝神师黄神越章谨为段氏甲□甲通东南□□土气，木王四方当王者。死者直□□□□□□□上□道神。东方起土，大白□直。南方起土，晨星威之，西方起土，营惑□之。北方起土，填星□之。甲乙庭坐冥收，左旁趣召□己辰先恐□丑未，对状急还土央。段氏移央去咎，远行千里，移咎去殃，更到他乡，故□石厌直，□曾青厌东南人辰上土气。辟祸达志，远行千里，如律令。

出处:刘正成主编《中国书道全集》卷三，荣宝斋出版社。

21. 宜虫桑陶罐镇墓文

南方赤，□□属征，□臧在心，□□齿，其□朱爵，身有□□处大阳，有火，□□为荧星，丙丁下入地中。丹沙石政重□两一填，□主忧，五□辟金兵，立填以后宜虫桑。如律令。

□母万世無咎。

出处:罗振玉《古器物识小录》。

22. 密县后士郭汉画像砖文

死人行阴，生人行阳，各自有分画，不得复交通。

出处:河南省文物考古研究所《密县后士郭汉画像石墓发掘报告》,《华夏考古》1987 年第 2 期。

23. 初平元年郭氏陶罐镇墓文

不□西天地久相视，汝自当下属棺椁，五谷万石，□今托书西□生人入成，死人生郭。生人在宅舍，死人在□□。

出处:《洛阳烧沟汉墓》，科学出版社 1959 年。

表附—1　本论文材料来源一览表

<table>
<tr><th>砖文类型</th><th colspan="2">材料来源（单位:条）</th><th>总计
（单位:条）</th></tr>
<tr><td>吉语砖文</td><td colspan="2">《中国砖铭》28;《中国古代砖文》6;期刊 1</td><td>35</td></tr>
<tr><td>记名砖文</td><td colspan="2">《中国砖铭》17 条;《中国古代砖文》5 条;
期刊 14 条</td><td>36</td></tr>
<tr><td>记数砖文</td><td colspan="2">《中国砖铭》8;《中国古代砖文》1;期刊 3</td><td>12</td></tr>
<tr><td>纪年砖文</td><td colspan="2">《中国砖铭》139;《中国古代砖文》15;
《浙江砖录》5;期刊 2</td><td>161</td></tr>
<tr><td>刑徒砖文</td><td colspan="2">《陶斋藏砖记》、《恒农砖录》
《考古》1972.04《东汉洛阳城南》
《中国砖铭》（所有图版）</td><td>119</td></tr>
<tr><td>曹氏宗族墓砖文</td><td colspan="2">《文物资料丛刊》第二辑</td><td>94</td></tr>
<tr><td rowspan="2">买地券</td><td>刘元台买地券</td><td>《文物》1980.02</td><td rowspan="2">2</td></tr>
<tr><td>刘公则买地券</td><td>《望都二号汉墓》</td></tr>
<tr><td>镇墓文</td><td colspan="2">黄景春《早期买地券、镇墓文整理与研究》
吕志峰《东汉石刻砖瓦等民俗性文字材料词汇研究》</td><td>30</td></tr>
</table>

表附—2 收录于期刊的砖瓦陶文材料情况一览表

砖文类型	砖文释文	期刊（年·期数·页码·图次）
吉语砖文	1. 宜子孙长大吉利。	《考古与文物》1983.01.18. 图七 2
记名砖文	2. 大。	《考古通讯》1958.02.44. 图一
	3. 白米囷。	《考古》1963.04.227
	4. 巨张牢。	《中原文物》1982.01.8. 图十
	5. 王章。	《考古》1986.09.805. 图七
	6. 罗妇张老葬也。	《北方文物》1988.04.32
	7. 大吉昌骆公。	《考古》1990.09.819. 图八 7
	8. 八千万岁。	《文博》1991.02.17. 图一 1
	9. 八千万矦（侯）。	《考古》1992.12.1143. 图一 3
	10. 乘万石。	《文物》1992.12.12. 图七 2
	11. 丁卖。	《考古》1994.02.139. 图三
	12. 薜师。	《考古》1997.06.28. 图四 1
	13. 大吉番禺。	《考古》1997.06.28. 图四 3
	14. 番禺大治历。	《考古》1997.06.28. 图四 4
	15. 黄君法行孝女妋芍。	《考古》1997.07.15. 图六
记数砖文	16. 廿六。	《文物》1983.06.50. 图二三
	17. 卌三。	《考古》1983.09.786. 图二
	18. 六十四。	《考古》1997.06.28. 图四 2
纪年砖文	19. 延光四年七月骆工。	《考古》1990.09.819. 图八 4
	20. 四年七月骆平公作。	《考古》1990.09.819. 图八 9

参考文献

一、引用材料

（一）传世文献

王明　1960　《太平经合校》，中华书局。
俞理明　2001　《太平经正读》，巴蜀书社。
杨寄林　2002　《太平经今注今译》，河北人民出版社。
龙晦等　2000　《太平经全译》，贵州人民出版社。
王充　1980　《论衡》，上海人民出版社。
黄晖　1990　《论衡校释》（附刘盼遂集解），中华书局。
徐震堮　1984　《世说新语校笺》，中华书局。
王明　1985　《抱朴子内篇校释》，中华书局。
方一新、王云路　1993　《中古汉语读本》，吉林教育出版社。
（汉）应劭撰，吴树平校释　1980　《风俗通义校释》，天津人民出版社。
日本《大正新修大藏经》东汉 28 部佛经。主要引用有（后面标明其在《大正新修大藏经》中的编号、卷次、页数）：
安世高译
《长阿含经十报法经》，一三，1，233
《人本欲生经》，一四，1，241
《一切流摄守因经》，三一，1，813

《四谛经》，三二，1，814
《本相猗致经》，三六，1，819
《是法非法经》，四八，1，837
《漏分布经》，九八，1，922
《普法义经》，九八，1，922
《五阴譬喻经》，一〇五，2，501
《转法轮经》，一〇九，2，503
《八正道经》，一一二，2，504
《九横经》，一五〇 B，2，883
《七处三观经》，一五〇 B，2，875
《大安般守意经》，六〇二，15，163
《阴持入经》，六〇三，15，173
《禅行法想经》，六〇五、15，181
《地道经》，六〇七，15，231
《佛印三昧经》，六二一，15，343
《法受尘经》，七九二，17，736
《阿含口解十二因缘经》，一五〇八，2，553
《阿毗昙五法行经》，一五五七，28，998
支谶译
《道行般若经》，二二四，8，425
《兜沙经》，二八〇，10，445
《阿閦佛国经》，三一三，11，751
《遗日摩尼宝经》，三五〇，12，189
《般舟三昧经》，四一八，13，902
《文殊师利问菩萨署经》，四五八，14，435
《阿阇世王经》，六二六，15，389
《伅真陀罗所问如来三昧经》，六二四，15，348
《内藏百宝经》，八〇七，17，751
《法镜经》（安玄译），三二二，12，15
《成具光明定意经》（支曜译），六三〇，15，451
《修行本起经》（竺大力、康孟详、昙果译），一八四，3，461
《中本起经》，一九六，4，147
《大方等大集经》（昙无谶于姑臧译），三九七，13，397

（二）出土文献

睡虎地秦墓竹简整理小组　1978 《睡虎地秦墓竹简》，文物出版社。

张家山 1417 号汉墓竹简整理小组 2001　《张家山汉墓竹简》，文物出版社。

（三）文字编、字典

陈根远　2002 《瓦当留真》，辽宁画报出版社。

陈建贡　2001 《中国砖瓦陶文大字典》，世界图书出版社。

傅嘉仪　1999 《秦汉瓦当》，陕西旅游出版社。

傅嘉仪　2002 《中国瓦当艺术》，上海书店出版社。

高明、葛英会　2000 《古陶文字征》，中华书局。

胡海帆、汤燕　2008 《中国古代砖刻铭文集》，文物出版社。

韩天衡　1998 《古瓦当文编》，江苏美术出版社。

贾贵荣、张爱芳　2005 《历代陶文研究资料选刊》，北京图书馆出版社。

刘怀君、王力军　2003 《眉县秦汉瓦当图录》，三秦出版社。

刘士莪　1986 《西北大学藏瓦选集》，西北大学出版社。

王镛、李淼　1990 《中国古代砖文》，知识出版社。

殷荪　1998 《中国砖铭》，江苏美术出版社。

殷荪　2002 《砖铭文字征》，上海书画出版社。

赵力光　1998 《中国古代瓦当图典》，文物出版社。

张文彬、姚生民　1998 《新中国出土瓦当集录》（甘泉宫卷），西北大学出版社。

陕西省考古研究所秦汉研究室　1986 《新编秦汉瓦当图录》，三秦出版社。

徐谷甫、王延林　1994 《古陶字汇》，上海书店出版社。

沙孟海　2000 《中国书法史图录》，上海人民美术出版社。

周绍良整理、李零考释　1998 《新编全本季木藏陶》，中华书局。

陆宗彝 《古砖文录》，拓本集。

吕佺孙 《百砖考》，自刊本。

宋经畲 《砖文考略》，上海广仓学社丛书本。

张燕昌 《三吴古砖录》，自刊本。

冯登府 《浙江砖录》，清道光间刻本。

顾廷龙 《古陶文集录》，国立北平研究院影印。

王昶 《金石萃编》，中国书店影印本。
容媛 《金石书目录》，商务印书馆。
陆增祥 《八琼室金石补正》，文物出版社。
袁仲一 《秦代陶文》，三秦出版社。
张开福 《三吴古砖续》，自刊本。

二、著作（依作者姓氏音序排列）

蔡镜浩 2001 《汉语史札记》，百家出版社。
曹广顺 1995 《近代汉语助词》，语文出版社。
陈昌来 2002 《介词和引进功能》，安徽教育出版社。
陈承泽 1922 《国文法草创》，商务印书馆。
陈秀兰 2001 《敦煌俗文学语汇溯源》，岳麓书社。
陈秀兰 2002 《敦煌变文辞汇研究》，四川民族出版社。
陈介祺 2004 《簠斋论陶》（陈继揆整理），文物出版社。
陈年福 2001 《甲骨文动词词汇研究》，巴蜀书社。
陈直 1986 《居延汉简研究》，天津古籍出版社。
程湘清 1992 《先秦汉语研究》，《两汉汉语研究》，《魏晋南北朝汉语研究》，山东教育出版社。
程湘清 1994 《论衡索引》，中华书局。
楚永安 1986 《文言复式虚词》，中国人民大学出版社。
崔立斌 2004 《孟子词类研究》，河南大学出版社。
董琨 1985 《汉魏六朝佛经所见若干新兴语法成分》，载《中古汉语研究》，商务印书馆。
董志翘 1999 《训诂类稿》，四川大学出版社。
董志翘 2000 《〈入唐求法巡礼行记〉词汇研究》，中国社会科学出版社。
董志翘、蔡镜浩 1994 《中古虚词语法例释》，吉林教育出版社。
段业辉 2002 《中古汉语助动词研究》，南京师范大学出版社。
方诗铭 1980 《中国历史纪年表》，上海古籍出版社。
方一新 1997 《东汉魏晋南北朝史书词语笺释》，黄山书社。
方一新、王云路 1993 《中古汉语读本》，吉林教育出版社。
冯春田 2000 《近代汉语语法研究》，山东教育出版社。
符淮青 1996 《汉语词汇学史》，安徽教育出版社。

高本汉　1940《中国音韵学研究》，商务印书馆。
高本汉著　1994《中国音韵学研究》，赵元任、罗常培、李方桂译，商务印书馆。
高守纲　1994《古代汉语词义通论》，语文出版社。
顾之川　2000《明代汉语词汇研究》，河南大学出版社。
管锡华　2001《史记单音词研究》，巴蜀书社。
管燮初　1953《殷墟甲骨刻辞的语法研究》，中国科学院出版社。
管燮初　1981《西周金文语法研究》，商务印书馆。
管燮初　1994《左传句法研究》，安徽教育出版社。
郭沫若　1977《奴隶制时代》，人民出版社。
郭锡良　1986《汉字古音手册》，北京大学出版社。
郭锡良　1997《汉语史论集》，商务印书馆。
郭锡良　1998《古汉语语法论文集》，语文出版社。
郭锡良等　1993《中国语文研究四十年纪念文集》，北京语言学院出版社。
郭锡良、李玲璞　1992《古代汉语》，语文出版社。
郭在贻　1985《训诂丛稿》，上海古籍出版社。
郭在贻　1986《训诂学》，湖南教育出版社。
郭在贻　1992《郭在贻语言文字论稿》，浙江古籍出版社。
韩陈其　2002《汉语词汇论稿》，江苏古籍出版社。
韩峥嵘　1984《古汉语虚词手册》，吉林人民出版社。
汉语大词典编辑委员会　1990—1993《汉语大词典》，汉语大词典出版社。
汉语大字典编辑委员会　1992《汉语大字典》，湖北辞书出版社、四川辞书出版社。
何九盈、蒋绍愚　1980《古汉语词汇讲话》，北京出版社。
何乐士　1989《左传虚词研究》，商务印书馆。
何乐士　1992《史记语法特点研究》，载程湘清主编《两汉汉语研究》，山东教育出版社。
何乐士　2000《古汉语语法研究论文集》，商务印书馆。
何乐士等　1985《古代汉语虚词通释》，北京出版社。
何亚南　1998《〈三国志〉和裴注句法专题研究》，南京师范大学出版社。
洪成玉　1985《古汉语词义分析》，天津人民出版社。
洪业等　1983《礼记引得》，上海古籍出版社。
洪业等　1983《春秋经传引得》，上海古籍出版社。

洪业等 1986《周易十种引得》，上海古籍出版社。
洪业等 1986《三国志及裴注综合引得》，上海古籍出版社。
洪业等 1986《汉书及补注综合引得》，上海古籍出版社。
洪业等 1986《论语引得》，上海古籍出版社。
洪业等 1986《孟子引得》，上海古籍出版社。
胡敕瑞 2002《〈论衡〉与东汉佛典词语比较研究》，巴蜀书社。
胡适 1993《胡适学术文集·语言文字研究》，中华书局。
黄金贵 2001《古代文化词语考论》，浙江大学出版社。
江蓝生 1988《魏晋南北朝小说词语汇释》，语文出版社。
蒋冀骋 1991《近代汉语词汇研究》，湖南教育出版社。
蒋礼鸿 1988《敦煌变文字义通释》，上海古籍出版社。
蒋绍愚 1989《古汉语词汇纲要》，北京大学出版社。
蒋绍愚 1994a《蒋绍愚自选集》，河南人民出版社。
蒋绍愚 1994b《近代汉语研究近况》，北京大学出版社。
蒋绍愚 2000《汉语词汇语法史论文集》，商务印书馆。
金昌吉 1996《汉语介词与介词词组》，南开大学出版社。
黎锦熙 1933《比较文法》，北平著者书店。
黎锦熙 1992《新著国语文法》，商务印书馆。
李杰群 2000《商君书虚词研究》，中国文史出版社。
李立 2000《文化嬗变与汉代自然神话演变》，汕头大学出版社。
李维琦 1993《佛经释词》，岳麓书社。
李维琦 1999《佛经续释词》，岳麓书社。
李维琦 2004《佛经词语汇释》，湖南师范大学出版社。
李宗江 1999《汉语常用词演变研究》，汉语大词典出版社。
李佐丰 1994《文言实词》，语文出版社。
李佐丰 2003《上古汉语语法研究》，北京广播学院出版社。
梁晓虹 1994《佛教词语的构造与汉语词汇的发展》，北京语言学院出版社。
廖序东 1995《楚辞语法研究》，语文出版社。
廖振佑 2001《古代汉语特殊语法》，内蒙古人民出版社。
刘丹青 2003《语序类型学和介词理论》，商务印书馆。
刘复 1939《中国文法通论》，中华书局。
刘坚等 1992《近代汉语虚词研究》，语文出版社。
刘景农 1958《汉语文言语法》，中华书局。

刘钧杰 1995《同源字典补》，商务印书馆。

刘世儒 1965《魏晋南北朝量词研究》，中华书局。

柳士镇 1992《魏晋南北朝历史语法》，南京大学出版社。

卢烈红 1998《〈古尊宿语要〉代词助词研究》，武汉大学出版社。

吕叔湘 1982《中国文法要略》，商务印书馆。

吕叔湘 1984《汉语语法论文集》，商务印书馆。

吕叔湘 1985《近代汉语指代词》，学林出版社。

吕叔湘、王海棻 1986《马氏文通读本》，上海教育出版社。

吕志峰 2009《东汉石刻砖瓦等民俗性文字数据词汇研究》，上海人民出版社。

罗维明 2003《中古墓志词语研究》，暨南大学出版社。

罗振玉 2003《贞松堂集古遗文》，北京图书馆出版社。

洛阳市文物管理局、洛阳市文物工作队 2001《洛阳出土墓志目录》，朝华出版社。

洛阳市文物局 2000《汉魏洛阳故城研究》，科学出版社。

洛阳市文物工作队 2000《洛阳出土历代墓志集绳》，中国社会科学院出版社。

马贝加 2002《近代汉语研究》，中华书局。

马建忠 1983《马氏文通》，商务印书馆。

毛远明 1999《左传虚词研究》，西南师范大学出版社。

梅祖麟 1998《古汉语语法论集》，语文出版社。

潘允中 1986《汉语语法史概要》，中州书画社。

裴学海 1954《古书虚字集释》，中华书局。

钱宗武 2004《金文尚书语法研究》，商务印书馆。

瞿兑之 1991《汉代风俗制度史》，上海文艺出版社。

任继愈 1992《中国佛教史》，中国社会科学出版社。

孙机 1991《汉代物质文化资料图说》，文物出版社。

孙力平 2003《古汉语语法研究论文索引（1900—2000）》，商务印书馆。

孙良明 1994《古代汉语语法变化研究》，语文出版社。

孙锡信 1992《汉语历史语法要略》，复旦大学出版社。

孙玄常 1982《马氏文通札记》，上海古籍出版社。

邵敬敏 2001《现代汉语通论》，上海教育出版社。

史存直 1986《汉语语法史纲要》，华东师范大学出版社。

唐兰　1979《中国文字学》，上海古籍出版社。
唐兰　1981《古文字学导论》，齐鲁书社。
唐钰明　2002《著名中年语言学家自选集》，安徽教育出版社。
〔日〕太田辰夫　1991《汉语史通考》，江蓝生、白维国译，重庆出版社。
〔日〕太田辰夫　2003《中国语历史文法》，蒋绍愚、徐昌华译，北京大学出版社。
汪维辉　2000《东汉—隋常用词演变研究》，南京大学出版社。
王海棻　1991《马氏文通与中国语法学》，安徽教育出版社。
王力　1981《中国语言学史》，山东人民出版社。
王力　1982《同源字典》，商务印书馆。
王力　1984《中国语法理论》，《王力文集》一卷，山东教育出版社。
王力　1985《中国文法学初探》，《王力文集》三卷，山东教育出版社。
王力　1989《汉语语法史》，商务印书馆。
王力　1990《中国文法中的系词》，《王力文集》十六卷，山东教育出版社。
王力　2002《汉语史稿》(修订本)，中华书局。
王启涛　2001《魏晋南北朝汉语学史论考》，巴蜀书社。
王启涛　2003《中古及近代法制文书语言研究:以敦煌文书为中心》，巴蜀书社。
王云路、方一新　1992《中古汉语语词例释》，吉林教育出版社。
王云路、方一新　2000《中古汉语研究》，商务印书馆。
王云路　2002《词汇训诂论稿》，北京语言文化大学出版社。
王仲殊　1984《汉代考古学概说》，中华书局。
魏德胜　1995《〈韩非子〉语言研究》，北京语言学院出版社。
魏德胜　2002《睡虎地秦墓竹简词汇研究》，华夏出版社。
吴福祥　1996《〈敦煌变文〉语法研究》，岳麓书社。
吴金华　1995《古文献研究丛稿》，江苏教育出版社。
向熹　1993《简明汉语史》，高等教育出版社。
徐吉军、何云翔　1991《中国丧葬礼俗》，浙江人民出版社。
徐仁甫著、冉有侨校订　1981《广释词》，四川人民出版社。
徐时仪　1997《慧琳音义研究》，上海社会科学院出版社。
徐时仪　2000《古白话研究丛稿》，上海教育出版社。
徐通锵　1991《历史语言学》，商务印书馆。
许威汉　2000《二十世纪的汉语词汇学》，书海出版社。

许仰民　2001《古汉语语法新编》，河南大学出版社。
严修　2001《二十世纪的古汉语研究》，书海出版社。
杨伯峻、何乐士　1992《古汉语语法及其发展》，语文出版社。
杨伯峻　1955《文言语法》，北京大学出版社。
杨力民　1988《中国古代瓦当艺术》，上海人民美术出版社。
杨树达　1954《词诠》，中华书局。
杨树达　1984《高等国文法》，商务印书馆。
殷国光　1997《〈吕氏春秋〉词类研究》，华夏出版社。
俞理明　1993《佛经文献语言》，巴蜀书社。
俞樾　1956《古书疑义举例》，中华书局。
张赪　2002《汉语介词短语词序的历史演变》，北京语言文化大学出版社。
张双棣　1999《吕氏春秋词汇研究》，山东教育出版社。
张谊生　2002《助词与相关格式·助词概说》，安徽教育出版社。
张玉金　2001《甲骨文语法》，学林出版社。
张自烈　1996《正字通》，中国工人出版社。
赵万里　1997《汉魏六朝墓志集释》，中华书局。
赵艳芳　2001《认知语言学概论》，上海外语教育出版社。
赵元任、吕叔湘　1979《汉语口语语法》，商务印书馆。
赵超　2008《汉魏南北朝墓志汇编》，天津古藉出版社。
赵可诚　1987《近代汉语语法》，陕西师范大学出版社。
赵之谦　1958《六朝别字记》，文字改革出版社。
赵仲邑　1984《古代汉语》，广西人民出版社。
浙江大学汉语史研究中心　2000《中古近代汉语研究》，上海教育出版社。
浙江大学汉语史研究中心　2000《汉语史学报》(2、4)，上海教育出版社。
〔日〕志村良治　1983《中国中世语法史研究》，江蓝生、白维国译，中华书局。
中国社会科学院考古研究所　2007《汉魏洛阳故城南郊东汉刑徒墓地》，文物出版社。
中国社会科学院语言研究所古代汉语研究室　1999《古代汉语虚词词典》，商务印书馆。
周法高　1990《中国古代语法·造句编》，中华书局。
周法高　1990《中国古代语法·称代编》，中华书局。
朱德熙　1989《语法丛稿》，上海教育出版社。
朱庆之　1992《佛典与中古汉语词汇研究》，文津出版社。

三、论文（依作者姓氏音序排列）

安志、马志军 1990 《长安县南李王村发掘报告》,《考古与文物》第4期。
白平 1995 《关于“所字结构”源流的思考》,《山西大学学报》第4期。
白振有 2001 《〈列子〉疑问代词讨论》,《延安大学学报》第6期。
卞仁海 2002 《古汉语被动式“为N（之）所V”探源》,《河南教育学院学报》第4期。
蔡运章 1989 《东汉永寿二年镇墓瓶陶文考略》,《考古》第7期。
蔡子鹤 2009 《汉至唐宋买地券语言研究》，西南大学硕士学位论文。
曹广顺、遇笑容 2000 《中古译经中的处置式》,《中国语文》第6期。
曹岳森 2001 《买地券研究三题》,《四川文物》第1期。
曹小云 1999 《〈论衡〉被动句式研究》,《古汉语研究》第2期。
曹小云 2000 《略论中古前期的几个介词》,《淮北煤矿师院学报》第1期。
陈初生 1983 《早期处置式略论》,《中国语文》第3期。
陈道义 2008 《汉代文字瓦当与砖文的装饰意味及其文化阐释》,《艺术探索》第4期。
陈榴 1987 《试述古代汉语中“自”的逐指作用》,《辽宁师范大学学报》第1期。
陈文杰 1999 《从早期汉译佛典看表方所的指示代词》,《古汉语研究》第4期。
陈文运、李继义 2000 《“以”含率领义探源》,《济南大学学报》第1期。
陈祥明 2000 《先秦至六朝汉语中“于”的一种用法辨析》,《大理师专学报》第4期。
陈秀兰 2004 《从常用词看魏晋南北朝文与汉文佛典语言的差异》,《古汉语研究》第1期。
陈秀兰 2001 《敦煌变文与汉语常用词演变研究》,《古汉语研究》第3期。
陈一民 1996 《介词新探——关于介词与动词的划界及定位问题》,《湘潭师范学院学报》第2期。
陈直 1963 《秦汉瓦当概述》,《文物》第11期。
陈直 1972 《出土文物丛考》,《文物》第6期。
程永建 2004 《洛阳东周两汉瓦当概述》,《河南科技大学学报》第1期。
崔立斌 1989 《〈孟子〉的人称代词》,《古汉语研究》第4期。

董志翘　1986 《中古汉语中的三类特殊句式》,《中国语文》第6期。

董志翘　1999 《〈入唐求法巡礼札记〉的词汇特点及其在中古词汇研究史上的价值》,《中国语文》第2期。

董志翘　1998 《试论〈洛阳伽蓝记〉在中古汉语词汇史研究上的语料价值》,《古汉语研究》第2期。

侗瘘　1980 《曹操宗族墓部分字砖释文质疑》,《考古与文物》第7期。

杜桂林　1987 《古代汉语"相V"句式之研究》,《宁夏大学学报》第2期。

段德森　1996 《谈古汉语语气助词的转化》,《云梦学刊》第3期。

方光焘　1961 《关于古汉语被动句基本形式的几个疑问》,《中国语文》第10、11期。

方平权　2000 《关于介词"于"由先秦到汉发展变化的两种结论》,《古汉语研究》第2期。

方诗铭　1979 《再论"地券"的鉴别》,《文物》第8期。

方一新、王云路　1994 《读佛经与中古汉语词汇研究》,《古汉语研究》第1期。

方有国　2000 《〈诗经〉"数+名"结构辨析》,《古籍整理研究学刊》第3期。

傅凯、倪勇　2007 《汉代瓦当的美学内涵》,《艺术教育》第12期。

甘子钦　1986 《谈"疑问代词结构"》,《新疆师范大学学报》第1期。

高列过　2002 《东汉佛经的"为R之所V"被动式》,《语言研究》特刊。

高列过　2004 《东汉佛经疑问句语气助词初探》,《古汉语研究》第4期。

高列过　2005 《东汉佛经的特殊语言现象及成因》,《西域研究》第1期。

高明　2000 《简论〈太平经〉在中古汉语词汇研究中的价值》,《古汉语研究》第1期。

高明　2001 《中古史书词汇研究述评》,《西藏民族学院学报》第9期。

高小方　2000 《论古代汉语中"非支配关系的动宾结构"》,《古汉语研究》第2期。

高育花　1998 《〈论衡〉中的疑问代词》,《渭南师专学报》第4期。

高育花　2001 《中古汉语副词语义指向分析》,《古汉语研究》第2期。

葛佳才　2002 《东汉译经中的双音节时间副词》,《西昌师范高等专科学校学报》第3期。

关树法　1988 《"焉"并非兼词》,《辽宁大学学报》第1期。

关尾史郎　1997 《关于安徽曹氏一族墓葬的几个问题》,《许昌师专学报》第3期。

郭锡良　1980 《汉语第三人称代词的起源和发展》,《语言学论丛》第 6 辑。
郭锡良　1989 《试论上古汉语指示代词的体系》,《语言文字学术论文集》,知识出版社。
郭锡良　1997 《介词“于”的起源和发展》,《中国语文》第 2 期。
郭锡良　1998 《介词“以”的起源和发展》,《古汉语研究》第 1 期。
郭锡良　1988 《先秦语气词初探》,《古汉语研究》创刊号。
韩树峰　2005 《秦汉徒刑散论》,《历史研究》第 3 期。
何乐士　1989 《〈左传〉的“若”》,《语文月刊》第 2 期。
何乐士　1989 《〈左传〉的介词“以”》，载《左传虚词研究》，商务印书馆。
何乐士　1992 《〈史记〉语法特点研究》，载《两汉汉语研究》，山东教育出版社。
河南省博物馆　1975 《灵宝张湾汉墓》,《文物》第 11 期。
河南省文物考古研究所　1987 《密县后士郭汉画像石墓发掘报告》,《华夏考古》第 2 期。
贺科伟　2009 《从文字瓦当看汉代农业习俗》,《农业考古》第 3 期。
洪诚　1957 《论南北朝以前汉语中的系词》,《语言研究》第 2 期。
侯良瑗　1987 《一种有趣的修饰现象——对古汉语范围副词修饰作用的探索》,《兰州大学学报》第 2 期。
胡敕瑞　2000 《中古汉语语料鉴别述要》，浙江大学汉语史研究中心《汉语史学报》第 5 期。
胡力文　1958 《“以”和它的宾语前置问题》,《语文教学》第 6 期。
胡力文　1999 《〈韩非子〉S-P 主语句式》,《常德师范学院学报》第 5 期。
胡湘荣　1994 《试析〈大庄严论经〉的被动句式》,《古汉语研究》增刊。
胡衍铮　2000 《谈谈古汉语中的代词》,《江西社会科学》第 4 期。
华星白　1993 《释“所”》,《解放军外语学院学报》第 4 期。
黄建中　2000 《徐复的训诂思想》,《华中师范大学学报》第 4 期。
黄景春　2004 《早期买地券、镇墓文整理与研究》，华东师大博士学位论文。
黄景春　2007 《买地券、镇墓文研究及其语言文字学意义》,《上海大学学报》第 5 期。
黄景欣　1958 《秦汉以前古汉语中的否定副词“弗”“不”研究》,《语言研究》第 3 期。
黄丽丽　2000 《〈左传〉复句的形式标记》,《镇江师专学报》第 1 期。
黄留珠　2005 《秦汉史研究述评》,《中国史研究动态》第 11 期。

黄群建　1990 《"……之为……" 句型类析》,《湖北师范学院学报》第 1 期。
黄盛璋　1963 《古代汉语人称代词研究》,《中国语文》第 6 期。
黄盛璋　1961 《两汉时代的量词》,《中国语文》第 8 期。
黄士斌　1964 《汉魏洛阳城刑徒坟场调查记》,《考古》第 2 期。
黄树先　2000 《试论古汉语 *A- 前缀》,《语言研究》第 2 期。
吉仕梅　1998 《〈睡虎地秦墓竹简〉介词考察》,《西南民族学院学报》第 10 期。
贾则复　1985 《古汉语中有关"于"字的两个问题》,《中国语言学报》第 2 期。
蒋冀骋　1994 《隋以前汉译佛经虚词笺识》,《古汉语研究》第 2 期。
蒋冀骋　2000 《汉译佛经中表疑问的语气词"那"》,《汉语史学报》第 2 期。
蒋宗许　1990 《也探词尾"复"》,《中国语文》第 4 期。
蒋宗许　1992 《词尾"自"再说》,《古汉语研究》第 3 期。
金昌吉　1995 《动词后的介词词组及介词的虚化》,《河南师范大学学报》第 3 期。
金昌吉　1996 《谈动词向介词的虚化》,《汉语学习》第 2 期。
康国章　1999 《引进动作行为受益对象的介词"为"之起源》,《殷都学刊》第 2 期。
李灿　1981 《曹操宗族墓砖字书体考》,《中原文物》第 4 期。
李刚　1993 《论〈太平经〉为汉代道书之合集——兼与金春峰先生商榷》,《社会科学研究》第 3 期。
李贵生　2004 《〈史记〉的介词"于(於)"研究》,《甘肃高专学报》第 6 期。
李旻　1987 《论"所 + 介 + 动"结构》,《湘潭师范学院社会科学学报》第 1 期。
李平　1987 《〈世说新语〉和〈百喻经〉中的动补结构》,《语言学论丛》14 辑。
李中生　1996 《〈荀子〉虚词零笺》,《古汉语研究》第 2 期。
李佐丰　1986 《探〈左传〉三类复合使动式》,《内蒙古大学学报》第 4 期。
梁晓虹　1986 《佛经中介词"于"的一种特殊用法》,《九江师专学报》第 1—2 期。
林鲲　2006 《论汉代建筑装饰中文字瓦当的特色》,《电影评介》第 22 期。
林剑鸣　1984 《汉甘泉宫瓦当文字考释》,《考古与文物》第 1 期。
刘百顺　2000 《汉魏晋南北朝史书语词考释》,《汉语史学报》第 2 期。
刘保今　1995 《〈搜神记〉里的被动句》,《德州师专学报》第 1 期。
刘春风　2005 《〈论衡〉与汉译佛经介词比较研究》,湖南师范大学硕士学位论文。

刘翠　2000《古汉语“不”的一类特殊用法》,《安徽大学学报》第3期。
刘开骅　2004《中古汉语的并列式双音副词》,《烟台师范学院学报》第3期。
刘瑞明　1989《〈世说新语〉中的词尾“自”和“复”》,《中国语文》第3期。
刘瑞明　1994《从泛义动词讨论“见”字本不表示被动——兼及被动句有关问题》,《湖北大学学报》第5期。
刘世儒　1961《魏晋南北朝个体量词研究》,《中国语文》第10、11期。
刘晓南　1991《先秦语气词的历时多义现象》,《古汉语研究》第3期。
刘昭瑞　1992《〈太平经〉与考古发现的东汉镇墓文》,《世界宗教研究》第4期。
刘昭瑞　1991《探考古发现的道教解注文》,《敦煌研究》第4期。
龙国富　2000《〈道行般若经〉与其汉文异译的比较》,《汉语史学报》第2期。
鲁川　1987《介词是汉语句子语义成分的重要标志》,《语言教学与研究》第2期。
鲁国尧　1992《〈孟子〉“以羊易之”、“易之以羊”两种结构类型的对比研究》,载程湘清主编《先秦汉语研究》,山东教育出版社。
鲁国尧　2003《论“历史文献考证法”与“历史比较法”的结合》,《古汉语研究》第1期。
鲁西奇　2006《汉代买地券的实质、渊源与意义》,《中国史研究》第1期。
吕志峰　2003《东汉买地券著录与研究概述》,《南都学坛》第3期。
吕志峰　2006《东汉镇墓文考述》,《东南文化》第6期。
洛阳市文物工作队　1984《洛阳唐门寺两座汉墓发掘简报》,《中原文物》第3期。
马文熙　1985《称代性结构助词“所”功能再探》,《西南师范学院学报》第2期。
麦梅翘　1983《〈左传〉中介词“以”的前置宾语》,《中国语文》第5期。
梅祖麟　1981《现代汉语完成貌句式和词尾的来源》,《语言研究》第1期。
梅祖麟　1990《唐宋处置式的来源》,《中国语文》第3期。
梅祖麟　1998《汉语语法史中几个反复出现的演变方式》,《古汉语语法论集》,语文出版社。
欧阳摩一　2005《论秦汉文字瓦当的形式艺术》,《东南文化》第2期。
潘允中　1980《汉语动补结构的发展》,《中国语文》第1期。
陕西省文物管理委员会　1958《长安县三里村东汉墓发掘简报》,《文物参考数据》第7期。

商中 2000 《古汉语“动·之·名”语义关系探析》,《河南师范大学学报》第2期。
沈林 2001 《〈左传〉单音节同义词群的考察》,《古汉语研究》第4期。
沈培 1992 《殷墟甲骨卜辞中主语的位置及相关问题》,《古汉语研究》第4期。
石毓智 1995 《时间对介词衍生的影响》,《中国语文》第1期。
时兵 2003 《两周金文的双宾语结构研究》,《巢湖学院学报》第6期。
史光辉 2001 《东汉佛经词汇研究》,浙江大学博士学位论文。
史晓陵 1984 《浅谈古汉语中“所”的用法》,《宁夏大学学报》第4期。
宋杰 2005 《汉朝刑具拘系制度考述》,《社会科学战线》第1期。
宋绍年 1992 《“所以”再认识》,《纪念王力先生九十诞辰文集》,山东教育出版社。
宋绍年 1998 《古汉语谓词性成分的指称化与名词化》,《古汉语语法论集》,语文出版社。
宋绍年、郭锡良 2000 《二十世纪的古汉语语法研究》,《古汉语研究》第1期。
宋玉珂 1982 《古汉语动词的为动用法》,《河北大学学报》第1期。
孙良明 1989 《谈先秦至东汉汉语语法的发展》,《殷都学刊》第1期。
孙良明 1990 《从汉代注释书论汉语介词的表义功能》,《语言教学与研究》第1期。
孙良明 1998 《汉代注释书中的语法分析方法研究》,《渭南师专学报》第1期。
孙良明 1999 《简述汉文佛典对梵文语法的介绍及其对中国古代语法学发展的影响(上)》,《古汉语研究》第4期。
孙良明 2000a 《简述汉文佛典对梵文语法的介绍及其对中国古代语法学发展的影响(下)》,《古汉语研究》第1期。
孙良明 2000b 《古代虚词专著规模、成就最大的一部书——评介〈古代汉语虚词词典〉》,《古汉语研究》第1期。
孙良明 2002 《关于取消“介词省略”说以及“于”字的用法问题》,《古汉语研究》第3期。
孙良明 2004 《李贤〈后汉书注〉中的语法分析》,《贵州大学学报》第7期。
〔日〕太田辰夫 1987 《中古(魏晋南北朝)汉语的特殊疑问形式》,《中国语文》第6期。

汤建军 1991《古汉语的“皆”类词》,《古汉语研究》第2期。
唐金裕 1980《汉初平四年王氏朱书陶瓶》,《文物》第1期。
唐启运 1992《论古代汉语的处所方位名词》,《华南师范大学学报》第1期。
唐为群 2000《“之”的一种特殊用法——衬音助词》,《学术研究》第3期。
唐钰明 2000《论先秦汉语被动式的发展》,《中国语文》第4期。
唐钰明、周锡馥 1985《论上古汉语被动式的起源》,《学术研究》第5期。
唐钰明 1987《汉魏六朝被动式略论》,《中国语文》第3期。
唐钰明 1988《唐至清的“被”字句》,《中国语文》第6期。
唐钰明 1995《古汉语语法研究中的“变换”问题》,《中国语文》第3期。
唐元发 2005《〈坛经〉中的“于”字用法分析》,《广西师范学院学报》第1期。
田昌五 1978《读曹操宗族墓砖刻辞》,《文物》第8期。
王海棻 1991《六朝以后汉语迭架现象举例》,《中国语文》第5期。
王洪君 1987《汉语表自指的名词化标记“之”的消失》,《语言学论丛》第14辑。
王鸿滨 2004《上古汉语介词的发展与演变》,《上海师范大学学报》第9期。
王杰 1987《谈古汉语的“所”字结构》,《东北林业大学学报》第12期。
王科本 2007《汉代瓦当艺术的美学特征》,《黔南民族师范学院学报》第1期。
王克仲 1982《关于先秦“所”字词性的调查报告》,《古汉语研究论文集》,语文出版社。
王克仲 1988《古汉语动宾语义关系的制约因素》,《中国语文》第1期。
王卯根 1999《〈史记〉的语义复现形式》,《古汉语研究》第2期。
王敏红 2004《从〈太平经〉看三字连文》,《宁夏大学学报》第1期。
王明 1987《论〈太平经〉的成书时代和作者》,《道家和道教思想研究》,(下编),中国社会科学出版社。
王启涛 2003《近五十年来的中古汉语词汇研究》,《四川师范大学学报》第1期。
王森 1991《〈老乞大〉〈朴通事〉里的动态助词》,《古汉语研究》第2期。
王文广 2005《汉瓦当文字装饰纹样的文字学与书法学意蕴》,《洛阳师专学报》第6期。
王小莘 1993《〈颜氏家训〉中反映魏晋南北朝时代特点的词语研究》,《华南师大学报》第4期。
王小莘 1998《〈颜氏家训〉中反映魏晋南北朝时代色彩的新词》,《语文研究》第2期。

王忻　1998《从〈颜氏家训〉管窥魏晋时期汉语复音化的发展》,《古汉语研究》第3期。

王育成　1996《南李王村陶瓶朱书与宗教文化问题研究》,《考古与文物》第2期。

王云路　2001《百年中古汉语词汇研究述略》,《浙江大学学报》第7期。

王云路　2003《中古汉语词汇研究述评》,《古汉语研究》第2期。

王泽庆　1993《东汉延熹九年朱书魂瓶》,《中国文物报》11月7日第3版。

邬文玲　2003《汉代赦免制度研究》,中国社会科学院博士学位论文。

吴波　2004a《中古汉语介宾词组"于/在+处所"句法位置的变化》,《南京师范大学学报》第7期。

吴波　2004b《中古汉语新兴介词成因考察》,《贵州文史丛刊》第3期。

吴伯方　1980《上古汉语"其"字用法的几个问题》,《华南师范学院学报》第1期。

吴道勤　1985《虚词"者"溯源》,《湘潭大学学报》校庆特刊。

吴国忠　1987《〈史记〉虚词同义连用初探》,《中国语文》第3期。

吴国忠　1989《古汉语介词"于"使用的随意性》,《求是学刊》第6期。

吴国忠　1993《古汉语助词"所"的省略与"有以……""无以……"句式》,《求是学刊》第6期。

吴金华　1981《所见=所》,《中国语文》第5期。

吴金华　1983《试论"R为A所见V"式》,《中国语文》第3期。

吴金华　1988《"R为A见V"式述例》,《南京师范大学学报》第4期。

吴金华　1990《〈世说新语〉词语考释》,《南京师范大学学报》第2期。

吴荣曾　1977《汉刑徒砖志杂释》,《考古》第3期。

吴荣曾　1981《镇墓文中所见到的东汉道巫关系》,《文物》第3期。

吴天颖　1982《汉代买地券考》,《考古学报》第1期。

吴泽顺　1993《〈论衡〉"VOOP"句式初探》,《吉首大学学报》第9期。

武振玉　1998《东汉译经中所见的语法成分》,《吉林大学学报》第3期。

武振玉　2002《魏晋六朝汉译佛经中的同义连用总括范围副词初论》,《吉林大学社会科学学报》第7期。

郗凤岐　1992《〈搜神记〉的介词"以"》,《北京师范学院学报》第3期。

夏雨晴　2003《〈太平经〉中的三音节同义并列复用现象研究》,《乐山师范学院学报》第5期。

向熹　1994 《〈诗经〉与古汉语词汇》,《河北师范学院学报》第 4 期。
萧正凡　1988 《古汉语中疑问代词作介词宾语并前置的若干考察》,《娄底师专学报》第 3 期。
肖兴　2000 《〈韩非子〉的"皆"考察》,《古汉语研究》第 4 期。
〔日〕辛岛静志　2001 《〈道行般若经〉和"异经"的对比研究》,《汉语史研究集刊》(第四辑),巴蜀书社。
徐朝红　2005 《求那跋陀罗汉译佛经介词研究》,湖南师范大学硕士学位论文。
徐流　1996 《论多音节同义并列复用》,《古汉语研究》第 3 期。
徐正考　2002 《古汉语专书词汇研究中同义关系的确定方法问题》,《吉林大学社会科学学报》第 3 期。
薛凤生　1991 《试论连词"而"的语义与语法功能》,《语言研究》第 1 期。
颜晓　1994 《古代汉语语助词的辨认和意义分析》,《琼州大学学报》第 1 期。
杨建忠　2003 《东汉佛经中的反义聚合初探》,《安庆师范学院学报》第 11 期。
姚生民　1984 《敦化县出土秦、汉"市""亭"陶文陶器》,《考古与文物》第 3 期。
姚振武　1993 《关于中古汉语的"自"和"复"》,《中国语文》第 2 期。
姚振武　1997 《"以为"的形成及相关问题》,《古汉语研究》第 3 期。
殷涤非　1980 《对曹操宗族墓砖铭的一点看法》,《考古与文物》第 7 期。
尹福　2000 《佛经津梁辞典资源——读李维琦先生的〈佛经释词〉》,《古汉语研究》第 1 期。
于树泉　1991 《"何以"的结构与类型》,《承德师专学报》第 2 期。
于志荣　1993 《〈孟子〉中"之"字的用法及其作用》,《长春师范学院学报》第 4 期。
余炳毛　1996 《介词和动词的根本区别及其辨别方法》,《武警技术学院学报》第 9 期。
余一平　2000 《〈论语〉的"其"》,《四川教育学院学报》第 7 期。
余贞洁　2005 《〈史记〉中的处所词语作状语》,《江西教育学院学报》第 2 期。
俞理明　2000 《〈太平经〉中非状语地位的否定词"不"》,《中国语文》第 3 期。
俞理明　2001 《〈太平经〉中非状语地位的否定词"不"和反复问句》,《中国语文》第 5 期。
俞理明　2000 《从东汉文献看汉代句末否定词的词性》,《汉语史学报》,上海教育出版社。
俞允海 1983 《古汉语助词研究要略》,《嘉兴师专学报》第2期。
喻遂生 2002 《甲骨文“在”字介词用法例证》,《古汉语研究》第4期。
愈伟超 1987 《汉代的市、亭陶文》,《文物》第5期。
袁本良 2002 《古汉语“之于”句的语用考察》,《贵州大学学报》第11期。
袁本良 2004 《古汉语“之于”句的语义分析》,《安顺师范高等专科学校学报》第4期。
张博 1999 《组合同化:词义衍生的一种途径》,《中国语文》第2期。
张赪 2000 《从先秦时期“介词+场所”在句中不合规律的用例看汉语的词序规则》,《语言研究》第2期。
张国光 1995 《“A之于B”结构的分布和探源》,《贵州大学学报》第1期。
张家文 2000 《古汉语省略研究说略》,《襄樊学院学报》第1期。
张家文 2000 《汉语人称代词和指示代词关系初探》,《云梦学刊》第3期。
张家文 2001 《古汉语介词“以”支配成分的移位和省略》,《古汉语研究》第4期。
张建平 1996 《介词结构时间状语的类型》,《雁北师范学院学报》第2期。
张锦笙 1989 《古代汉语虚词概念论略》,《南京师范大学学报》第1期。
张劲秋 1998 《试论古汉语语法研究中的语用分析》,《安徽教育学院学报》第3期。
张静 1961 《论汉语副词的范围》,《中国语文》第8期。
张铭心 2004 《高昌墓砖书式研究》,《新疆师范大学学报》第3期。
张能甫 2000 《东汉语料及同素异序的时代问题》,《古汉语研究》第3期。
张儒 2000 《也说疑问句尾“为”》,《中国语文》第2期。
张万起 1984 《连词“所以”产生的时代》,《语文研究》第4期。
张旺熹 2004 《汉语介词衍生的语义机制》,《汉语学习》第2期。
张文霞 2004 《〈左传〉“死”类动词初探》,《忻州师范学院学报》第8期。
张月明 1997 《〈论语〉、〈孟子〉、〈左传〉中的“可以”》,《古汉语研究》第2期。
张政烺 2001 《秦汉刑徒的考古资料》,《历史教学》第1期。
赵超 1980 《论曹操宗族墓砖的性质及有关问题》,《考古与文物研究》第3期。
赵家莹 1987 《古汉语助词类不能取消——兼评两本通行教材中有关虚词的归类问题》,《杭州大学学报》第9期。
赵丕杰 1986 《谈“所”字的代词用法》,《天津师范大学学报》第6期。

赵世举 2000 《从〈孟子〉看语境对定中结构的制约》,《武汉大学学报》第2期。
赵世举 2000 《关于“定语后置问题的新思考”》,《襄樊学院学报》第1期。
赵振铎 2001 《论中古汉语》,《乐山师范学院学报》第3期。
郑桦 2002 《〈左传〉中的动词使动用法研究》,《宁夏大学学报》第2期。
周法高 1956 《“之”“其”“厥”用法之演变》,《学术季刊》第4期。
周光午 1959 《先秦否定句代词宾语位置问题》,《语法论集》第3期。
周霁 1981 《“于”字的一种比较特殊的用法》,《语文学习》第3期。
周生亚 1964 《“莫”字词性质疑》,《中国语文》第4期。
周生亚 1980 《试论上古汉语人称代词繁复的原因》,《中国语文》第2期。
周远富 2001 《〈孟子章句〉中的介词“于/於”》,《古汉语研究》第3期。
朱德熙 1983 《自指和他指:汉语名词化标记的“的、者、所、之”的语法功能和语义功能》,《方言》第1期。
朱明珠 1996 《从〈诗经〉语气词的运用看先秦语气词的发展及其特色》,《铁道师范学院学报》第10期。
朱冠明 2002 《中古译经中的“持”字处置式》,《汉语史学报》第5期。
朱庆之 1996 《佛教混合汉语初论》,《语言学论丛》第二十四辑,北京大学出版社。
朱庆之 1993 《汉译佛典语文中的原典影响初探》,《中国语文》第5期。
朱庆之 1995 《汉译佛典中的“所V”式被动句及其来源》,《古汉语研究》第1期。
朱庆之 1992 《试论佛典翻译对中古汉语词汇发展的若干影响》,《中国语文》第4期。
祝敏彻 1957 《论初期处置式》,《语言学论丛》第一辑。
祝敏彻 1963 《使成式的起源与发展》,《兰州大学学报》第2期。
禚振西 1980 《陕西户县的两座汉墓》,《考古与文物》第1期。
祖生利 2002 《元代白话碑文中助词的特殊用法》,《中国语文》第5期。